いじめられっ子の流儀

知恵を使ったいじめっ子への対処法

How to Handle Bullies, Teasers and Other Meanies

A Book that Takes the Nuisance Out of Name Calling and Other Nonsense

著……ケイト・コーエン・ポージー
監訳…奥田健次
訳……冬崎友理

学苑社

この本を、苦い果実から甘美な果汁を絞《しぼ》るすべての若い人に、
そしてその方法を学ぶことに挑《いど》むすべての人に捧《ささ》げます

How to Handle Bullies, Teasers and Other Meanies:
A Book that Takes the Nuisance Out of
Name Calling and Other Nonsense
by Kate Cohen-Posey

監訳《かんやく》者　まえがき

　本書の原著を初めて手にしたのは、二〇一四年にシカゴで開催《かいさい》された国際行動分析《こくさいこうどうぶんせき》学会（ＡＢＡＩ）年次大会の書籍《しょせき》販売コーナーだったと思います。休憩《きゅうけい》時間に「何か面白そうな本はないかな」と自分の仕事に関連しそうで興味《きょうみ》を引くものを手にとって、パラパラと目を通します。

　この本は、一見するととても読みやすいものでした。読んでみて「面白いな」と直感したのですが、読み進めていくと「そんなの、できへんのちゃう？」という疑念《ぎねん》も起きてきました。

　ところが、途中から「この本に書かれていることを実践《じっせん》している人がいる！」と思うようになりました。また、自分がそのように振《ふ》る舞《ま》うことができたときの記憶も甦《よみがえ》りました。その辺りから「この本はかなりすごい本なのかもしれない」と、のめり込んでいきました。「いじめられっ子が、いじめっ子を（知恵を使って）ひねり倒《たお》す方法」だなんて。なんと面白いのでしょう。

　たとえば、とあるアイドルオタクの芸人さんがアイドルと共演するたびにネットで炎上さわぎ。ネットに悪口雑言を書かれまくって「キモい」「死ね」などと暴言をぶつけられるその芸人さん。もし、その暴言に対して沈黙《ちんもく》すれば、痛《いた》めつけたい人に痛めつけられてただ沈黙する人になってしまいます。しかし、彼はそうしなかった。「また炎上っすよ！　地球上にはどれだけのエネルギーが残っているんすか？」のように自分に向けられた攻撃《こうげき》を、それに乗っかることで笑いに変えました。今や、彼はどんな意地の悪い攻撃に対しても、知恵と機転を使って「ひねり返す」達人となっています。

この本には、そうした「ひねり技《わざ》」のような事例が数多く書かれています。「アクセプタンス＆コミットメント・セラピー（ＡＣＴ）」「マインドフルネス」「ブリーフセラピー」「ゲシュタルト療法《りょうほう》」などなど、心理臨床《りんしょう》の世界で上手なセラピストやカウンセラーの用いる方法が、数多く並んでいます。

日本における「いじめ」の問題では、いじめられた子をカウンセリングなどで助けるイメージが、世間一般《いっぱん》に何となく染みついているように思えます。カウンセラーでさえ、いじめっ子とその家族には何もやらずに、いじめられっ子の話を聞いてあげようとする傾向《けいこう》が強いようです。ところが本書では、不愉快《ふゆかい》で卑劣《ひれつ》な言葉でからかう子やいじめっ子にこそ助けが必要で、しかもそれをいじめられっ子が知恵を使って助けを与えられるという考えが一貫《いっかん》してあります。また、いじめられっ子が親子関係の対話の中で、親をも助けるという視点も書かれています。いじめられっ子が、プロのセラピストやカウンセラー顔負けの役割を果たしうるというのは、日本でも受け入れられるべき事実であると思います。

人付き合いに悩《なや》む若い人たちのすべてに。そして、いじめられっ子、からかいに対して対処する方法を知らずに落ち込んでいる人、あるいはそういう人たちを支える親や教師、数多くの知恵ある人々に読んでいただきたいと願っています。

奥田健次

本書で扱う考え方は、肉体を痛めつける暴力ではないけれども人の心を傷つける悪口やからかいなどについて適用することができます。身体を痛めつける暴力のような危険《きけん》な状況《じょうきょう》においては、別の戦略が必要となります。この本は一般的な情報を提供するものであり、個別の問題については、資格をもつ専門家のアドバイスを求めることをお奨《すす》めします。

注意　保護者や大人の方へ

この本に登場する表現には「醜《みにく》く、卑劣《ひれつ》な言葉」が含まれています。これはいじめっ子やからかう子にとって、これらの言葉こそが母語《ぼご》であるためです。

目次

はじめに

動物は【闘う】か【逃げる】かしかできないが、
人間であるあなたは【考える】ことができる

これまで、いじめっ子や意地悪な子に動揺《どうよう》させられたことは何回ありますか？
数え切れないほどあるというあなた、これはあなたのための本です。もうあなたは誰《だれ》かの被害者《ひがいしゃ》となり、つらい気持ちを味わうことはありません。かといって、自分の身を守るために、あなた自身がいじめっ子や意地悪な子のようにふるまう必要もないのです。実は、周りの子の気に障《さわ》る行動を冗談《じょうだん》に変え、あなたが快適《かいてき》に過ごせるようにしていくことは可能なのです。この本では、その方法を教えます。

もしもあなたが人間ではなく、動物だったとしたら、いじめっ子の存在は大問題です。動物の場合、自分を痛《いた》めつけてくる相手に対してとれる道は二つしかありません。**「闘《たたか》う」**か**「逃《に》げる」**かのどちらかです。でも、人間であるあなたには、第三の選択肢《せんたくし》があります。あなたは**「考える」**ことができます。あなたは頭を使うことで、いじめやからかいというくだらないやりとりを止《と》め、最もひどいいじめっ子を友だちにすら変えることもできるのです。

なぜいじめやからかいが起きるのか？

人はいじめっ子という服の中に
閉じ込められてしまうことがある

最初に、いじめっ子や乱暴者《らんぼうもの》はなぜそのようにふるまうのか**考えて**みましょう。

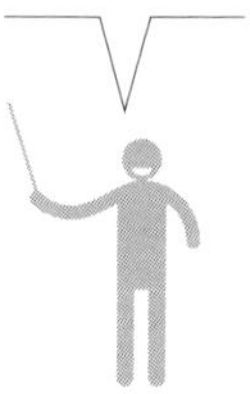

いじめっ子と力

生まれながらのいじめっ子はいません。こうした子どもは、どこかで、より強大ないじめっ子によって、小さないじめっ子へと変えられたのです。いじめっ子に出会ったら、その子の人生のどこかの段階《だんかい》で、大きないじめっ子が潜《ひそ》んでいた、または今も潜んでいるのは間違《まちが》いないと思いましょう。

この「大きないじめっ子」は、彼らを小さく弱い存在だとしばしば感じさせてきたのでしょう。小さないじめっ子は、周りの子に手出しをして、相手が困ったり動揺したりする様子をみると、わずかな時間だけ、自分が強く、大きくなった気がします。しかし、自分を痛めつける大きないじめっ子のことを思い出すと、その気持ちはあっという間に、元通りに沈《しず》み込《こ》んでしまうのです。

いじめっ子らしいふるまいを常にくり返すようになってくると、その子は見るからにいじめっ子らしく人の目に映るようになります。周囲の人は「ほら、あの子はいじめっ子だよ」と言うようになるでしょう。本当は、その子はいじめっ子という服を着ているだけなのに、みんなその子を根っからのいじめっ子とみなしてしまうのです。実際《じっさい》にはその子は荒削《あらけず》りなだけで、いずれよい行動ができるように磨《みが》かれていく可能性のある子どもです。しかし、いじめっ子という服の中に、荒削りな、成長の可能性を秘《ひ》めた人間がいることに気づかない人が多いのです。

からかう子と関心

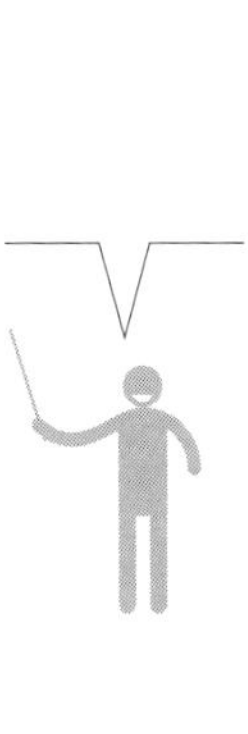

生まれながらのいじめっ子がいないのと同様に、生まれつき、相手を意地悪くからかう子もいません。自分に寄《よ》せられる注意や関心が少なすぎた場合に、こうしたタイプの意地悪をする子どもになっていくことがあります。もちろん、周囲の関心を必要なだけ、あるいは望むだけ集めることができるという人はあまりいないでしょう。ほとんどの人は自分の話を聞いてもらったり、理解《りかい》してもらったりするという形で、周囲の関心を引くことを選びます。しかし、そのような注意や関心がどうしても得られない場合、その人は、周囲の人を怒《いか》らせることによって関心を引こうとすることがあ

ります。

自分の話をよく聞いてくれる人を探《さが》すよりも、人を怒らせるほうが手っ取り早く簡単なため、他人をからかうという行動が習慣《しゅうかん》となっていく子どももいます。意地悪なからかいの言葉を口にするのは、それが不適切なことであったとしても、人の注意や関心を引くうえで効果的《こうか》だからです。

相手の怒りを買うのはあまりよい気持ちがするものではないにせよ、からかう子は周りの人が自分に注意をはらってくれることで、いくらか気分が上向《うわむ》きになるのです。ただ、そのことで次第に周りから見放されて、最終的にはもっと嫌《いや》な気持ちになります。

からかう子たちは、いじめっ子に似《に》ています。意地悪な発言やからかいをあまりに頻繁《ひんぱん》にくり返していると、次第にいかにも意地悪な子らしく見えてきます。しかし、からかう子も、荒削りなだけで、いずれよい行動ができるように人間性が磨かれていく可能性があるのです。

意地悪全般《ぜんぱん》について

人は、自分が怒りを感じているとき、傷《きず》ついているときや、おびえているときに、意地悪なふるまいをすることがあります。彼らは自分の気持ちを言葉に置きかえる方法がわからず、そのかわりに他の人を傷つける言動をするのです。怒りに満ちたふるまいをする人がいたら、その内側には悲しく、怖《こわ》がりで、どう言葉を発したらよいのかわからずにいる子どもがいるということを忘れないでください。

いじめっ子やからかう子への三つの対処法

前章では、子どもがどうやっていじめっ子やからかう子になっていくかについて考えました。傷つけられたり、無視《むし》されたりすることによっていじめっ子やからかう子が生まれるのだとしたら、次に、どうすれば彼らを「そうでなくする」ことができるのか、考えてみましょう。

誰かが、こう話しかけてきたらどうでしょう？
「あなたのお母さんのブーツ、ごつくてまるで戦闘《せんとう》用みたい」

ここで「いじめっ子」対「いじめっ子」ではなく、また「いじめっ子」対「いじめられっ子」でもなく、「人」対「人」の会話をするにはどうしたらよいのでしょう？
次のA、Bのどちらがよい返答でしょうか？

A　だから何？　あなたのお母さんなんて、め牛みたいに太ってるじゃないの！
B　本当に、そうなのよ。うちのお母さん、昔からすごくおしゃれなの。

Ａのような返答をしてしまうのは簡単です。いじめっ子の発言の模倣《もほう》――いわゆる「猿《さる》まね」――をしただけです。Ｂの返答には、人間としての知恵《ちえ》が求められます。相手の侮辱《ぶじょく》の言葉をほめ言葉へと転じることは、いじめっ子という服の中から抜《ぬ》け出せずにいる『よくなる可能性を秘めた子ども』に向かって、話しかけていることなのです。

1　侮辱の言葉をほめ言葉に転じる

どのような侮辱の言葉に対しても、**ほめ言葉**をかけられたかのように対処《たいしょ》することは可能です。いじめっ子の言葉の中身は無視し、何かいいことを言われたかのようにふるまうのです。返す言葉にどうしても困ったときは、「ありがとう」がいつでも有効です。

いじめっ子　お前って、本当に変なやつだな。
知恵の人　うん、ありがとう。君は優《やさ》しいね。

まるでほめ言葉をかけられたときのように返答をする、この方法に慣れると、かなり賢《かしこ》く切り返しができるようになります。

からかう子　（にきびがある子に向かって）やーい、ピザ顔～！

知恵の人　ピザ、好きなんでしょう～♪

ここで重要なのは、ゴミをバラの花へと変えるあなたの努力を根気よく、あきらめずに続けることです。そうでないと、いじめっ子という服の中の子どもは、永久《えいきゅう》に外に出てくることができないままかもしれません。

いじめっ子　汚《きたな》いな、あっちいけ。

知恵の人　あら、照れちゃう。私のこと、そんなに好きなの？

いじめっ子　お前なんか嫌《きら》いだよ。本当にがまんできないくらい。

知恵の人　うそでしょ？　好きじゃなかったら、私にこんなに構《かま》ってこないはずよ。

意地悪な言葉が、まるで**ほめ言葉**であったかのように受け止めるというのは「相手に話してほしい調子で自分が話す」方法とよぶこともできるでしょう。面白いことに、私たちがこの方法をとると、相手の意地悪が、あなたがこうあってほしいと望むものへと変わっていくことがよくあるのです。事実、先の例で、「私のことが好きだから構ってくるんでしょう」と言った女の子は、いじめてきた男の子と、のちに本当に友だちになりました。そこまでうまくいかない場合でも、あなたを痛めつけようとする相手の試みが、まるで親切であるかのように受け答えをすれば、相手は少なくともあなたを放っておいてくれるでしょう。

侮辱の意味を裏返《うらがえ》しにする、別の方法もあります。それは相手への**ほめ言葉**で切り返すことです。

いじめっ子　できない奴《やつ》らの教室にいるお前よりも、俺《おれ》のほうが間違いなく頭がいいよ。

知恵の人　それは素晴らしいことだね。世界には頭のいい人がたくさんいるほうがいいからね。

自分をほめてくる相手に対して意地悪をし続けることは、ほぼ不可能です。でも、もしあなたが大変な一日を過ごしたあとで、お世辞をいう気持ちにとてもなれない、というときはただ、こう言えばよいのです。「へえ、ありがとう。ごもっともなコメントだね。」

親切な言葉は、言葉以外のいじめを止めるためにも使えます。相手があなたをしつこく小突《こづ》いてきた場合、「どうしても僕《ぼく》に手出しをせずにいられないみたいだね。僕、そんなに魅力《みりょく》的なんだね」と応じてみることができます。これで、あなたは負け犬ではなく、相手と対等な立場になります。これで相手が再《ふたた》び小突いてきたら、あなたは本当に魅力的だということになります。もし相手が小突くのを止《や》めたら、あなたは目的を達成したことになります。

相手の悪い行ないをほめ、それをもっとやるように勧《すす》める、というのはその行動を止めさせる効果をもたらすことがあります。これは「**逆転の心理**《リバース・サイコロジー》」または縮《ちぢ》めて「**リバーサー**」と呼ばれます。あなたの顔の前でわざとげっぷをしてくる子がいたとします。この場合は「ほれぼれするようなげっぷだね！　もう一回聞かせてよ」と、相手がもうやめて、と音《ね》をあげるまでしつこくくり返すのです。

「リバーサー」は侮辱に対してとても効果的です。誰かがあなたに「息がくさい」、と言ってきたとき、この技術をどう使ったらよいでしょうか？　あなたの考えた答えと、次の例を比較《ひかく》してみてください。

それはまたすごい悪口だね！　で、他には何がある？　そのカミソリのような毒《どく》舌《ぜつ》が、他にどんなことを言えるものか、とても興味があるよ。

忘れないで　いじめっ子は、自分の発言に対して、無礼な返答が戻ってくると予想しています。そこで、ほめ言葉が返ってくると、どうしてよいのか対応に困ります。いじめっ子が混乱《こんらん》している時間は、彼《かれ》らの中にいる『よくなる可能性を秘めた子ども』が考えるチャンスとなります。

2 質問をする

いじめっ子の内側には、荒削りではあるものの、いずれよい行動ができるように磨かれていく可能性のある子どもがいます。彼らの内側にいる、その子どもと対話をするもうひとつの方法は、**質問**をすることです。いじめっ子や意地悪な子は、ものごとを深く考えていません。習慣で動いているのです。質問をされると、人は否応《いやおう》なくものを考えます。いじめっ子があなたの質問に答えなかったとしても、内側にいる子ど

もが、かわりに考えるでしょう。ものを考える行動は、内側の子どもの存在を力強くし、同時に、「いじめっ子」の存在を弱める助けとなります。

質問をするにあたっては、「いじめっ子のすることとや言うことには、合理性や根拠《こんきょ》がない」ということだけ、忘れずにいてください。できる限り知りたがり屋になり、いじめっ子が何をしようとしているのかを理解する助けとなるような質問をするのです。

いじめっ子　お前って、本当にみっともないな。

知恵の人　君の意見はわかったけど、なぜそれを僕にわざわざ言うの？

いじめっ子　お前のことが嫌いだから。

知恵の人　嫌いなのに、なぜ僕に話しかけてくるの？　ただ無視すればいいのに、なぜそうしないの？

いじめっ子　面倒《めんどう》くさいな、もういいよ。

周囲の人々に対し、いじめっ子はこの「知恵の人」を悪く見せることができたと思いますか？　「知恵の人」は、相手を侮辱する発言や、いじめっ子のようなふるまいをせずに、いじめっ子に応対できています。いじめっ子に対して、被害者にならず、またいじめっ子のようにもならずにものを言うのはとても難《むずか》しいことです。しかし、いじめっ子に対して、知恵あるひとりの人間として話をすることができれば、そのたびにあなたはこの世の中に意地悪を広げることを確実に防《ふせ》いでいるのです。

忘れないで　意地悪や卑劣なふるまいをする人は、好んでそうしているわけではありません。あまりに怒りが強かったり、傷ついていたり、おびえていたりして、問題に対処するよりよい方法を思いつくことができないために、そのように行動してしまうのです。

次の例を見てください。この「知恵の人」は世界に意地悪を拡散《かくさん》するのを止めるうえで立派な役割を果たしていると思いませんか？

意地悪な子　ねえ、このスケートリンクにいる男の子みんなが自分に恋しているとでも思ってない？

知恵の人　私、そんなに自信家に見える？　それはそれで嬉《うれ》しいけれど、なぜそれをわざわざ言いに来るの？

意地悪な子　いい気になっている感じがするからよ。

知恵の人　わからなくなってきたわ。自分について、いい気分になって何が悪いのかしら？

意地悪な子　あなたが、自分は他の子よりかわいいと思うなんて大間違いだから。

知恵の人　そうね、それには賛成《さんせい》する。でも他の子と**同じくらいには**かわいいと思ってもいいのかしら？

この例で、「知恵の人」は、自分を防御するために「そんなことは思っていない（していない）」「いいや、思っている（している）」というよくある言い争いに陥《おちい》ることをまぬがれています。質問をすることによって、起こり得た口げんかを、興味深い議論へと変えることができたのです。意地悪な子に対しても、十分な時間をかけて質問をくり返していくと、彼らの言うことの中にも少しはあなたが納得できる、よい部分が見つかるものです。このことは、いじめっ子という服の中にいる子どもが、顔を覗《のぞ》かせても大丈夫、と感じることの助けになります。

いじめっ子の言うことに反論《はんろん》したくなることもあるでしょう。でも、それはしないでください。不合理なたわごとに対して反論しても意味はありません。あなたが自分を守ろうとして反論を行なうと、いじめっ子は自分が何か正しい、もしくは重要なことを言ったのだと考える可能性があります。これを「**逆行の法則**《ルール・オブ・バックワーズ》」といいます。

いじめっ子の言動の目的を理解する助けとなるような質問をしましょう。

逆行の法則《ルール・オブ・バックワーズ》　相手に反論すると、相手は得《え》てして、自分の発言は正しいと思いがちです。相手がそのように考える理由や、背景《はいけい》に何があるのかをこちらが理解しようとすると、相手は他の考え方にも思いを及《およ》ばせるようになっていきます。

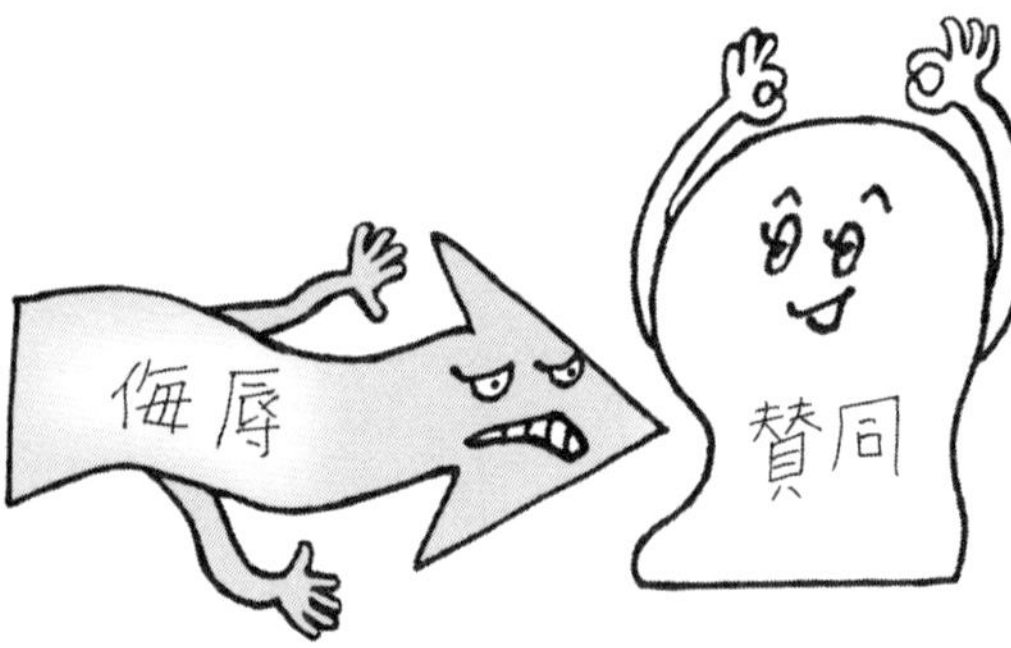

3 相手に賛同する

いじめっ子の言いがかりに反論すると、相手は自分の発言が正しいと証明しようとしてきます。それでは、相手の言うことに**賛同**してみたら、何が起きるでしょう？　賛同されたことによって、相手が自分の発言について考えなおすということがあるのでしょうか？　以下のやりとりのあと、どのようなことが起きるか、考えてみましょう。

いじめっ子　お前って本当にバカだな。

知恵の人　つまり、君は僕がこの長い年月《ねんげつ》、実際はバカなのにそれよりも自分は賢いと思って時間を無駄《むだ》にしてきたと言っているわけだね。忠告してくれてありがとう。

知恵の人　この曲、前に聞いたことがある。

いじめっ子　うそだね。聞いたことなんてないくせに、うそつき。

知恵の人　うーん、前に聞いたような気がしたんだけどなあ。まあ、勘違《かんちが》いかもしれないな。

この例に出てくるいじめっ子は、ケンカを始めたり、相手を動揺させたりしたいという気持ちを満たされないままです。いじめっ子に対して「知恵の人」は、自分の信じるところを述べると同時に、素早《すばや》く相手に賛同するかのように**ふるまって**います。自分の発言に賛同している相手と、言い争いを続けることは難しいのです。

いじめっ子は、相手が自分に反論してくると予想しています。賛同されると彼らは驚《おどろ》きを覚え、反撃《はんげき》するための日頃からのなじみ深い習慣が使えなくなります。この混乱の瞬間《しゅんかん》にこそ、いじめっ子は新しい習慣を形成できることがあるのです。

先の例で「知恵の人」が、実際には自分が愚《おろ》かであるとか、うそつきであるといったいいがかりに賛同しているわけではないことに注目してください。彼らは、自分が思っていたほど賢くはない、または勘違いをしていた**可能性もある**ということに賛同したたけです。世にもくだらない、でたらめな言いがかりにさえ、「その可能性はある」という意味で賛同してあげることはできます。

からかう子　お前の母さんが俺たちの分のケーキまで全部平《たい》らげちゃったんだ。

知恵の人　うちの母親が人のものを食べてしまったのをみたことはないけど……でもどんなことにも可能性はあるから、……もしかしたら、うちのご飯が少なすぎるのかもしれないな。

ときに、侮辱は半分でたらめで、半分事実であることもあります。その場合は、事実である部分については、賛同すればよいのです。

からかう子　あなた、本当にそのヘアスプレーが好きね。お風呂にまで持って入ってるんじゃないの？

知恵の人　うん、確かに髪に使うのはとても好きなのよ……

賛同は、侮辱へのもっとも簡単な対処法のひとつです。いじめっ子に賛同することで相手を驚かせるのは慣れてくれれば面白く、他にもっとよい続きがひらめくかもしれません。

知恵の人　……こんど、ヘアスプレーのお風呂《ふろ》に入ってみようかしら。髪《かみ》の毛以外の部分にどんないいことが起こるか、考えてみたこともなかったわ。

実にしばしば、いじめっ子はでたらめだけでなく事実を指摘して、それを侮辱へとねじ曲げようとしてきます。お昼にサーディン（イワシの缶詰）を食べていること、あなたの信仰《しんこう》する宗教、赤毛であること……人と違《ちが》うこと、面白いこと、ときには素《す》敵《てき》なことまで、あらゆることが標的になり得ます。人と違うということは、その人が他の人より優《すぐ》れているとか、劣《おと》っていることを意味しません。ただ、違うというだけのことです。事実については認め、それについての意地悪なあてこすりは無視するというのが、こういった侮辱をねじ曲げ返して、単なる事実についてのお話へと戻《もど》すための一番よい方法です。

いじめっ子　でかい鼻！

知恵の人　うん、そう、私の鼻はたしかに大きめなの。気づいてくれるなんて、なんてやさしいのかしら。

ヘアスプレーのお風呂に入ってみようかしら

金塊《きんかい》さがしと偏見《へんけん》

ひとかけらのよい部分を見つける

いじめっ子の中には、他人を嫌な気持ちにさせるうえで、とても特別な武器《ぶき》を持っている者がいます。その武器の名は偏見《へんけん》です。偏見とは、自分が何について判断を下しているのかを知ったり、理解したりする前に、他人を裁《さば》くことです。世の中には、他人が自分と違う側面をもっているときに、そのユニークさや特別さの中身を理解しようとする前に、先入観《せんにゅうかん》にしたがって判断を下そうとする人がいるのです。

自己肯定感《じここうていかん》をもてない人は、自分と違うところがある人について、自分はそれよりましだと考えると、一時的に気持ちが楽になります。偏見をもつ人は多くいますが、それを、他人を攻撃する武器として使うのはいじめっ子だけです。

もし誰かがあなたに対して偏見を武器として使おうとしてきた場合は、相手に質問をし続けてください。続けていくと、あなたは相手の言っていることの中にほんの小さな、善《ぜん》なるきらめき、つまり肯定したり、賛同したりできる部分を見つけることができるでしょう。この小さなきらめきは「**金塊**《きんかい》」と言われています。金塊さがしをするつもりで以下のやりとりを見てみましょう。

いじめっ子　このニガー《くろんぼ》め！

知恵の人　僕が黒人だと気づいてくれてどうも。でも、なぜわざわざ僕の人種について指摘をしてくるの？

いじめっ子　俺はニガーが嫌いだから。

知恵の人　黒人のどんな部分が好きじゃないの？

いじめっ子　お前ら黒人はいつもいろんな場所で乱暴ばかりしているからさ。

知恵の人　僕は乱暴をしないということを、確かめようとしているわけ？

いじめっ子　え、うーん……。

知恵の人　君が他人のことをそんな風に心配して、暴力から守ろうと思っていることは素晴らしいと思うよ。

いじめっ子　きいたふうなことを言うな。

知恵の人　いや、本気で言っているんだよ。君には大事な友だちや家族がいて、その人たちが誰かに襲《おそ》われたり、ひどい目にあわされたりするなんてことがないということを、確実にしておきたいんだよな。

いじめっ子　まあ、そうだよ！（頭の中がこんからがった様子で、立ち去る）

自分や、仲間に向けられた偏見に対しては、身を守りたいという気持ちに強く駆《か》られてしまうこともあるでしょう。しかし、「逆行の法則《ルール・オブ・バックワーズ》」によれば、偏見に対して反論をすることは、相手の偏見をさらに強いものにするだけです。相手の考えていることに興味を示し、その中によい点を見つけ、それを指摘することは、相手の偏見の邪《じゃ》魔《ま》をします。それはまるで相手の思考の中に、「裏口《うらぐち》」からそっとしのびこむように、いつの間にか相手を心地よい気分にさせているのです。

偏見の中には、あなたの心を傷つけるだけでなく、経済的な痛手《いたで》を与えるような種類のものもあります。それは、流行《はや》りの服やおもちゃ、車などを買うことができないために、他の人よりも低く見られてしまう、といったような場合です。たとえあなたが、他人がいくらお金をもっていようが気にかけないと思っていても、あなたやあなたの友だちが、グループに「合っているか、ふさわしいか」といったことを過度《かど》に気にしはじめると、こうしたたちの悪い判断についとらわれてしまうことがあります。次の例で、「知恵の人」がどのように**金塊さがし**をするか、またそのことがこのやりとりの中に偏見が入り込むことをどう防いでいるか、見てみてください。

いじめっ子　その靴《くつ》、どこのゴミ溜《た》めから持ってきたの？

知恵の人　（わけがわからないという様子で）うん……どうしてもわからないわ。

いじめっ子　え、何？

知恵の人　どうしてあなたみたいに、おしゃれで友だちもたくさんいる人が、私が身につけるものを気にするの？

いじめっ子　あなたの格好《かっこう》、私たちの中で浮《う》いてるからよ。

知恵の人　私が浮かないようにアドバイスしてくれているのね、ありがとう。おしゃれに興味がないとか、ぴったりくる服や靴を買えないとかいう理由だけで仲間はずれにされる子がいるというのは本当に悲しいことだもの。

いじめっ子のくだらない考えに、侮辱で報《むく》いたいという誘惑《ゆうわく》にかられることもあると思いますが、**それはしないでください**。いじめっ子に、反論や、意地悪をぶつけ返す習慣をつけさせるだけです。向けられた侮辱を**ほめ言葉**のように受け止め、**質問**を投げかけ、**賛同**し、さらに相手の考えの中から**金塊さがし**をする。これらのことをすると、いじめっ子は混乱し、その内側にいる子どもの存在が強まっていきます。

他の人を助ける

侮辱に対してほめ言葉を返す、質問をする、賛同する、そしてこれらを組み合わせて相手の考えの中から金塊さがしをする。これはいじめっ子に対する防御策《ぼうぎょさく》として、最良のものです。

自分が意地悪をされた際の対処法として使える道具をあなたは手に入れました。これを、他の人を助けるために使うこともできます。それは素晴らしいことです。世の中の問題を解決する手助けをしたいと考えているのに、お金もない、権力《けんりょく》もない、行動を起こすための選挙権《せんきょけん》さえない、という若者はたくさんいます。

しかし、いじめっ子を「いずれよい行動ができるように磨かれていく可能性を秘めた子ども」として扱《あつか》い、接《せっ》することなら、あなたは今すぐにでも取り組むことができます。たとえ、やがていじめっ子に戻ってしまうとしても、その人がそうした可能性に満ちた子どもとしてふるまう一瞬《いっしゅん》一瞬は、よい積み重ねになります。なお、忘れないでほしいのは、あなたが本当は被害者を助けたいと思っているときでも、いじめっ子を救うことに集中するということです。

いじめっ子　（被害者に向かって）おい、ユダヤ人。お前らはどうせ俺に支払うべき金でも出すのをしぶるんだろう。

知恵の人　なぜ、君に金を支払わないなんて言って彼女をほめているの？（訳注　支払わないはずないじゃないか、の意）ユダヤ人はきちんとした人達だよ。だれかが僕に、支払うべき金を出さないと言ったら、僕だって結構《けっこう》怒るけどね。

この例でも、「知恵の人」は侮辱の言葉をほめ言葉へと転じ、質問を投げかけ、さらにいじめっ子の気持ちに共感を示すことで、いじめっ子が再び偏見を用いる隙《すき》を与えないようにしています。これはからかいの場面においても活用できます。傍観者《ぼうかんしゃ》は、ほんの小さな努力でひどい発言を「金塊」へと変えることができるのです。

からかう子　（自分の妹に向かって）昨夜《ゆうべ》、彼氏と一緒にいるところを見たぞ。

お前らキスしてただろう。

知恵の人　お前は本当に妹のことが好きなんだな。妹の恋愛《れんあい》生活をこんなに心配する兄ちゃんはみたことがないよ。

いじめっ子への対処法（さらなる二つの方法）

ここまで、侮辱や偏見に対してあなたがとれる方法を四つ紹介してきました。しかしあなたが怒っていたり、傷ついていたりするときには、これらの方法をとることが難しく感じられることがあるでしょう。自分の気持ちを率直《そっちょく》に口にしたり、他の人の気持ちを理解していることを表したりすることが一番よい方法であるときもあります。

1　自分の気持ちを表現する

あなたの姉が、ローズおばさんにデザイナーズジーンズを買ってもらったということを自慢《じまん》してきたとします。あなたの機嫌《きげん》がよいときなら、あなたはほめ言葉や質問を使って、姉の自慢をもう少し癪《かん》に障《さわ》らないものにすることができるでしょう。

――よかったわね。ローズおばさんは本当にお姉ちゃんのことが好きなのね。ところで、お姉ちゃんは単にはしゃいでいるの？　それとも私をうらやましがらせたくて自慢を続けているの？

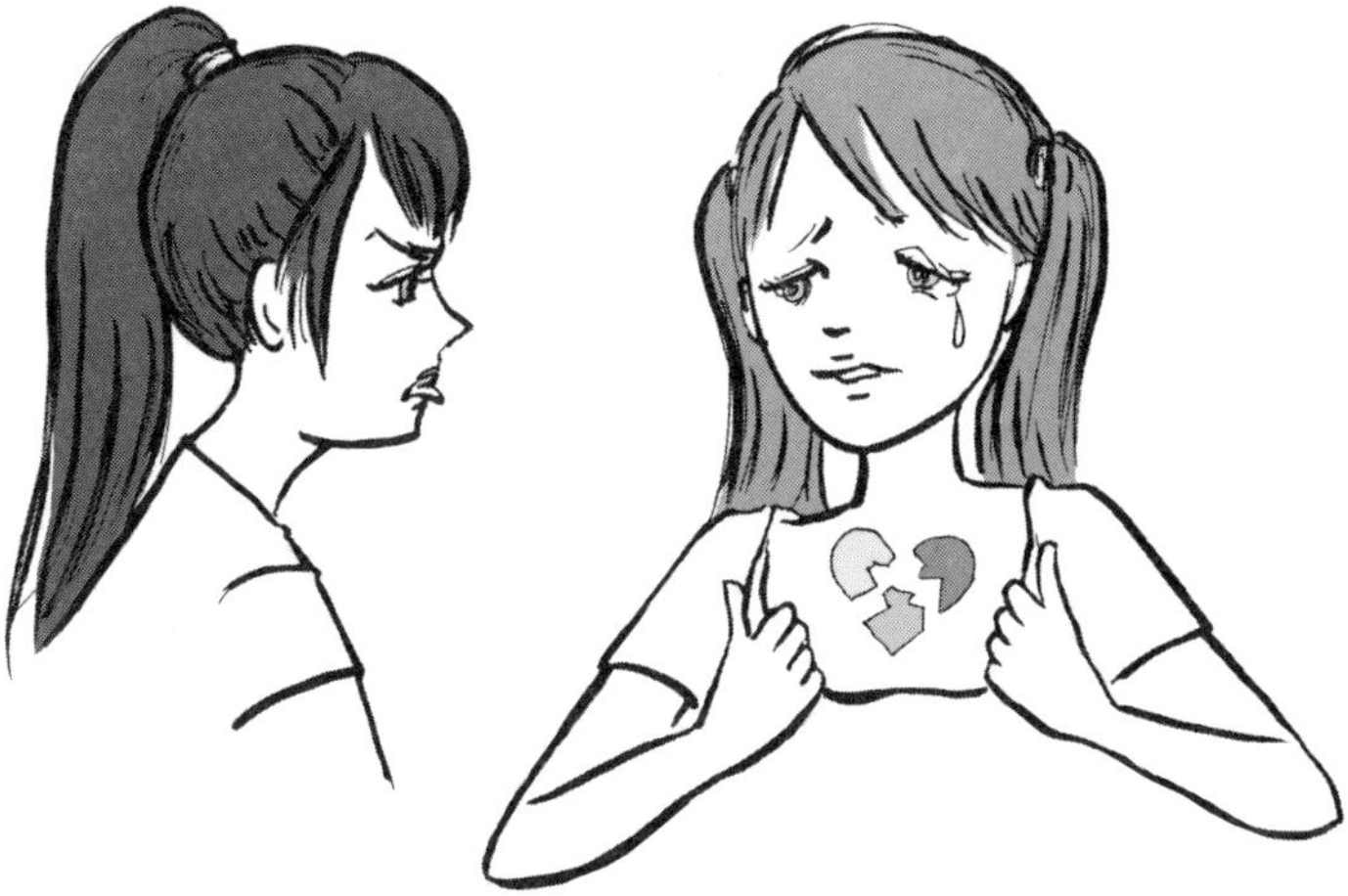

しかし、もしローズおばさんがあなたにとって胸《むね》がチクリと痛む存在になっているのなら、正直に、自分がどのような気持ちでいるかを口にしたほうがよいかもしれません。

うらやましいな。時々、ローズおばさんは私よりお姉ちゃんのほうがずっと好きなんじゃないかと思って、私、けっこう傷ついているのよ。

多くの人が、自分の気持ちを正直に口にすることを怖がります。自分が悲しんだり怖がったりしていることを他人に知られると、相手にもっとみじめな気持ちにさせられるのではないか、という恐れを感じているのです。実際にはその逆です。人が自分の気持ちを正直に口にすることは、相手をそれよりさらに正直にさせる方向に作用するのです。

先の例で、妹が自分の感じていることを正直に話せば、すぐに姉も自分の気持ちをより率直《そっちょく》に表明することができるでしょう。

あなたの言っていることの意味はよくわかるわ。私だって、おじいちゃんが、私よりもあなたとずっと長い時間を楽しく過《す》ごしていると感じて、のけ者にされたような気がするもの。

お互いに正直に気持ちを話し合う前は、この姉妹は自慢話や相手を嫌な気分にさせるような小競《こぜ》り合いに長い時間を費やしてきました。しかし、自分の気持ちを素直に話すことで、相手と真《しん》の対話ができるようになったのです。

さらに、あまりにもひどいもの言いをする子に対しても、自分の気持ちを正直に話すことで、そのいじめっ子の内側の子どものところに、言葉を届《とど》けることができることもあります。たとえば「ニガー（黒んぼ）」のようなひどい言葉をかけられて、相手の言い分の中から金塊さがしなどしていられないほど腹《はら》が立っていた場合は、率直に感じた通りに話すというのもよい方法です。

僕は、白人が「ニガー」と言うのを聞くと本当に耐《た》えられない気持ちになるんだ。**僕は**自分の人種を心から誇《ほこ》りに思っているし、それを理由に誰かから嫌われるとひどく傷つく。君は誰かにこういう嫌なことを言われたことは一度だってないんだろうか、と**僕は**不思議に思うよ。

残酷《ざんこく》な物言いを楽しんでいる相手に向かって、このように自分の正直な気持ちを話すのは危険なことに思えるかもしれません。しかし、いかなる意味でも相手を侮辱したり、非難《ひなん》したりしないように注意しさえすれば、いじめっ子の内側にいる子どもの耳に、あなたの言葉が届くでしょう。

心理学の用語で、「私は……である」と自分を主語にして自分の意見や体験を語る言い方をアイ・ステートメント、「君は……である」と相手に対して決めつけるような言い方をユー・ステートメントと言います。自分の気持ちを表すときに主語として「私」を使っている限り、あなたは相手を侮辱していないはずです。

先の例で、この人は何回、「僕は」という言葉を使ったでしょうか？　彼は自分の気持ちを表すのに、「僕は」を3回使っています（アイ・ステートメント）。しかし、もし彼が「君は」とか「〇〇すべきだ」といった言葉を使っていたなら、その言葉は意図しなくてもいじめっ子への批判《ひはん》と侮辱になっていたでしょう。

君はそういう口の聞き方をする**べきじゃない**。**君は**本当に不愉快なやつだ。**君だって**こういう悪口を言われたら嫌な気分になるだろう！

今回は「僕は」という言葉は一度も登場しませんでした。「私は」という言葉を使わずに自分の気持ちを言い表すのは不可能です。この例では、この人は相手の言動に対する見解《けんかい》を述べ《の》、告発しているのです（ユー・ステートメント）。

多くの人は「私は」という言葉のかわりに、「君は」や「〇〇すべきだ」といった言葉を使うことが習慣となっています。本人は自分の気持ちを語っているつもりでいるのですが、実際に口にしているのは相手への批判です。誰かに向かって「〇〇すべきだ」と決めつければ、きっとあなたはお返しに同じことを相手にされるでしょう。みんながお互《たが》いに批判されることを警戒《けいかい》し、防御の姿勢《しせい》をとってしまうのも無理はありません。そこで、自分自身の感情を「私は」という言葉で表現してみて、相手がどう反応するかを見てみるのは、とても興味深い実験になります。

自らの感情を表現する、という言い方が大仰《おおぎょう》すぎると感じるなら、少しばかりユーモアを加える方法もあります。そして、おそらくあなたは大きな成果を勝ち取れるはずです。

いじめっ子　お前、挽《ひ》き肉機にかけられたみたいな顔してるな。

知恵の人　（今にも泣きそうな顔をする）

いじめっ子　やれやれ、なんだよ、弱虫だな。

知恵の人　（明るい声で）あら、私の気分を害したいのかなと思って、協力して泣いてあげたのよ。

先の例で、泣きそうな顔をする代わりに、お腹《なか》を抱えて、痛みで体を折り曲げるふりをするのも、言葉で人を傷つけようとするいじめっ子を「救出する」にはよい方法です。

2 他人の気持ちをフィードバックし、名付ける

前項で、自分がひどく動揺してうまく考えがまとまらないときには、自分の気持ちを言葉で表現してみることが重要だと述《の》べました。同様に、他人が傷ついたり怒ったりしているときには、彼らが自分の気持ちを表現できるように助けてあげることが大切です。腹を立てたいじめっ子を相手にする場合、彼の内側にいる子どものところに到達するまでには、あなたは彼の「いじめっ子」という習性と、「怒り」の感情という二つの層《そう》をくぐり抜《ぬ》けなければなりません。相手の発言の理由が、単なる意地悪からきているのか、それとも本人も傷つき、怒っているからなのかは、ふつう、相手の声の調子から判断できるものです。

いじめっ子　おい、俺がその気になればお前なんかいつでもボコボコにできるんだからな。

知恵の人　怒るのも無理はないね。さっきの野球のゲーム、君のチームは本当によく戦ったもの。こちらが勝つのは納得がいかないんだろう。

いじめっ子　うるさいな。お前のチームの話なんか聞きたくもない。

知恵の人　君たちがどれくらいよく戦ったか、知っているかい？

いじめっ子　よく戦っていたら試合に負けるはずないだろ、バカ。

知恵の人　僕に対してよりも、自分に対して怒っているみたいに聞こえるけどな。

いじめっ子　（目に涙を浮かべ始める）

知恵の人　君たちがいつも必死で練習していたのはよく知っているし、いつもはとてもうまくいっていることも知っている。君は僕みたいに失敗するのに慣れていないんだよ。

いじめっ子　とにかく負けるのは我慢ならないんだ。

知恵の人　うん、よくわかるよ……。それで？

自分の気持ちを言葉で表現できるように相手を手助けしていて、もっとも難しいのは、「どう思うべきか」を示唆《しさ》しないようにすることです。先の例でいじめっ子に対して、この「知恵の人」が、そんな風に自分を責《せ》めるのはよくない、とでも言っていたら、目にパンチを浴びせられていたかもしれません。理解されることを必要としている人に対しては、親切な思いやりでさえ、助けとならないことがあるのです。いじめっ子の言葉の表面にとらわれず、その裏に隠《かく》された本当の気持ちを**フィードバック**する（訳注　振り返り、自分の言葉で表現する）ことで、彼が本当は何に傷ついているのかを言葉で言い表す手助けをしてあげることができるのです。

カウンセラーは、相手が自分の気持ちを言葉で表現することを援助《えんじょ》する訓練のために、専門《せんもん》の学校に通います。彼らはそこで、話を聞く場面でつい助言をしてしまったり、人がどのように考えるかについての予断《よだん》をもったり、といった長年の習慣を断ち切る練習を重ねるのです。怒っている相手の本当の気持ちを理解するのが難しいと感じたときは、慣れるまで、あなた自身は可能な限り少ししか話さず、聞き手に徹《てっ》するのが最良の方法かもしれません。上の例でも、いじめっ子のいうことを肯定してあげるだけで、たとえ彼を悩ませている本当の理由を解明するには到《いた》らなかったとしても、彼をなだめ、気持ちを落ち着かせてあげることができるでしょう。

いじめっ子　おい、俺がその気になればお前なんかいつでもボコボコにできるんだからな。

知恵の人　そりゃ、そうだ！　君が強いことは僕がよく知っているよ。

怒っている相手を理解する技術は、専門の学校に行かなければ身につかないかといえば、そんなことはありません。これが自然にできる人もいます。しかし、相手が怒っているからといって、自分が防御体制に入る必要はないという驚くべき発見は誰にでもできます。怒っているとき、人は実は何も考えていないということを忘れないでください。彼らはただ単に怒りの感情を感じているだけなのです。可能な限り、知りたがり屋となり、相手が何に心を乱《みだ》されているのか、解明しようとしてください。

いじめっ子　なんだよ、ボケ！　人にぶつかるかわりに、どうしてちゃんと前を見て歩かないいんだよ！

知恵の人　かなりの衝撃《しょうげき》だったね、きっと君を驚かせちゃったね。

いじめっ子　まったく、どうやったらそんなにぶきっちょに歩けるんだよ。

知恵の人　うん、人が急にぶつかってくるとすごく動揺した気持ちになるよね。僕にも覚えがあるよ……

ひどく怒っている人でも、このような**理解**と**共感**を示されて、さらに怒り続けるのは困難です。やがて、先の例のいじめっ子は、人にぶつかってこられた衝撃よりも、自分の気持ちが理解されたということにもっと大きな驚きを覚えるはずです。あなたが自分の身を守るかわりに、相手を理解できたと感じたとき、どれほど自分自身を力強く感じられるかに驚くことでしょう。

中には、怒りの感情を抱くことが習慣になっている人もいます。無意識《むいしき》のうちに、彼らは他人が自分を利用し、搾取《さくしゅ》し、馬鹿《ばか》にするに違いないと警戒するのです。彼らを理解する特別な方法として、疑惑《ぎわく》、不満、失望、不信など、彼らがとらわれている**感情を名付ける**というものがあります。特にそれを質問の形で行なうのは効果的です。

いじめっ子　お前、本当にバカだな。こんな言葉の意味も知らないのか。

知恵の人　君は僕に**失望**しているの？　それとも単に僕の国語力にがっかりしているの？

いじめっ子が自分の感情について「現場《げんば》を押《お》さえられた」あとも、同じ状態でいることはほとんど不可能です。自分が何をしているのかということにあなたが気づかせてあげるたびに、彼は自分のふだんの思考パターンに陥る前にひと呼吸おけるようになり、衝動的《しょうどうてき》な怒りのせいで、彼がこれまで周囲から受け取れずにいた好意や気遣《きづか》いがもたらされることに気づくのです。

意地悪な子　私の持ち物から離《はな》れてよ。一体、何をするつもり？　コソ泥《どろ》？

知恵の人　そこまで人を**信頼《しんらい》できない**のはなぜ？　以前に何かあったの？　よかったら話して聞かせて。

相手の感情にぴったりくる名を付けるには集中力が必要です。相手がこちらに腹を立てても仕方ないと腹を据《す》えることが、その第一歩となります。途中《とちゅう》で、あなたは自分のとるべき言動に迷ったり、してしまった言動を後悔《こうかい》したりして、途方《とほう》にくれることもあるでしょう。しかし、この試みにおいて、そうした失敗はつきものです。他人を理解しようとつとめることは、あなたが最善を尽《つ》くす助けとなるでしょう。人は誰でも間違えるものです。あなたが自分自身を悪く思うことをやめたとき、他人をそれほどまでに怒らせる原因となっている痛みを理解できるようになっているでしょう。相手の感情を名付けることで相手の意地悪を止める。そのことからあなたが得られる強さは、他者を助けることで得られる力なのです。

警告《けいこく》　いじめっ子はときにあなたを身体的に傷つける、危険な存在となるときがあります。特に相手が何らかの薬物やアルコールなどを摂取《さくしゅ》したあとや、集団の中でいい格好をみせようとしている場合などには、より注意が必要です。このようにふるまういじめっ子に対しては、身を守るために最善を尽くしてください。相手からどうしても逃《のが》れられないときは、なるべく発言しないことです。何がいじめっ子をそれほど怒らせ、卑劣《ひれつ》にしているのかに神経を集中してください。もしも質問、賛同や理解の言葉が頭に浮かんだ場合は、それを口に出すことが事態を収拾《しゅうしゅう》する助けになるかもしれません。しかしながら、無理に何かをしゃべろうとはしないようにしましょう。

侮辱や
からかいに対して、
すべきこと、
すべきでないこと

ここまで読んできたことをどの程度《ていど》理解できたか、次のチェックリストで確認してみましょう。いじめっ子を混乱させ、彼の中にいる「内側の子ども」が考え始めるのを手助けするのに適した方法に〇を、適さない方法に×をつけてください。

□ **ほめ言葉**　向けられた侮辱を**ほめ言葉**へと転じる
□ **侮辱**　侮辱には**侮辱**を返す
□ **自己弁護**　細かく**自己弁護**をする
□ **お説教**　相手に**お説教**をし、道理《どうり》を説く
□ **防御**　自らを**防御**する
□ **賛同**　可能性としてあり得る事実について**賛同**する
□ **反論**　誤りには必ず**反論**する
□ **質問**　**質問**をする
□ **逆転の心理**《リバース・サイコロジー》　相手に、今していることをもっとするように要求する
□ **助言**　相手に、言動をどう改善すべきか**助言**する
□ **アイ・ステートメント**　あなたがどのような気持ちかを話す

□ **ユー・ステートメント**　相手の言動についての**見解**を述べる
□ **告発**　相手への**告発**を行なう
□ **理解**　相手が何に動揺しているかに対する**理解**を示す
□ **金塊さがし**　相手の考えの中にあるよい点を探す

あなたが**ほめ言葉**を用い、**賛同**と**質問**をし、**アイ・ステートメント**を述べ、自分や相手の気持ちを**理解**して適切な言葉で**フィードバック**や**命名**を行ない、**逆転の心理**《リバース・サイコロジー》を使い、いじめっ子の言うことの中にも**金塊さがし**をするように心がけているかぎり、あなたは正しい道から外れずにいます。

いじめっ子は、**侮辱**、**自己弁護**、**お説教**、**防御**、**反論**、**助言**、（相手の言動に対するあなたの）**見解**、**告発**などに対する反撃をとても得意としています。したがって、それ以外の方法を採《と》られると、ひどく混乱します。あなたはいくらでも独創的《どくそうてき》に、自分なりの方法を発展《はってん》させていくことができます。

上級テクニック

以下では、いじめっ子を混乱させる、もう少々ひねった、変わり種《だね》のテクニックを紹介します。

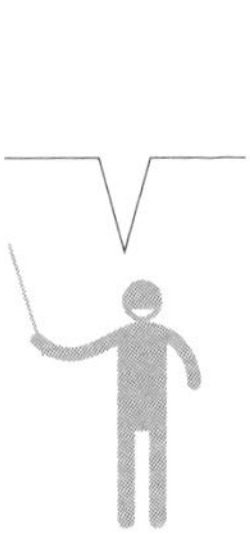

いじめっ子　（遠くから叫《さけ》ぶ）お前なんか地獄《じごく》へ行っちまえ！
知恵の人　（叫び返して）お前こそディズニーランドに行っちまえ！

いじめっ子と同じ、憎々《にくにく》しげな声の調子《トーン》で、ただし内容は親切な言葉で返答する、というのはいじめっ子にとっては完全に予想外の反応です。相手は調子が狂《くる》い、ときには笑いを引き出されることもあるかもしれません。この「**調子ひねり**《トーン・ツイスター》」は、あなたの不満を減《へ》らし、同時に言い争いを終わらせる、よい方法です。試してみましょう。
いじめっ子に「お前、とにかく黙《だま》っとけ！」と言われたら、あなたはどう答えますか？

お薦《すす》めの答え　「お前、とにかくホットファッジサンデーでも食ってこい！」

この「調子ひねり《トーン・ツイスター》」は、もとの意地悪な指摘とまったくつながらない内容のことを言いながら使うと、さらに面白いものになります。これを使うと、小学生くらいの子どもがよく行なう「お前なんかとは友だちじゃない」という理《り》不《ふ》尽《じん》な言葉の応酬《おうしゅう》を、ふざけっこへと変えることができます。

意地悪な子　（怒った声で）俺はお前の友だちなんかじゃないからな。

知恵の人　（同じく怒った声で）俺もお前のひじなんかじゃねえぞ！

意地悪な子　（考えて）う……、俺はお前のはらわたじゃない。

知恵の人　（軽く笑いながら）俺もお前の髪の毛ではない。

意地悪な子　（笑顔で）俺はお前の足のつめじゃないぞ。

知恵の人　（声を立てて笑いながら）俺だってお前の扁桃腺《へんとうせん》じゃないよ……

もう少し年齢《ねんれい》が上の子どもの場合も、もとの意地悪な内容からかけ離れた返答をすることで、同様にやりとりを楽しめます。

いじめっ子　ねえ、あなたどんな男の子にもついていくって評判よ。

知恵の人　あら、あなたはハンバーガーに入っているピクルスにメロメロだって評判よ。

この切り返しによって、いやな噂《うわさ》はまったく別の光をあてられ、いじめっ子は自分のとろうとしていた路線を大幅《おおはば》に変更させられます。あなたがこのような「**つながらないコメント**」をするとき、あなたは幾分《いくぶん》、奇妙《きみょう》に見えるかもしれないし、変人と非難されることもあるかもしれません。しかしあなたは、これによって、いじめっ子に向かって、相手の言うでたらめに真面目に取り合うつもりはない、という意思表示をしているのです。

変人と言われることについてですが、そのように侮辱されて、遊べる好機《こうき》があれば決して逃さないようにしましょう。誰でも一生のうち、何回かは人から変わっていると言われることがあるものです。そのような名誉《めいよ》ある機会に恵まれたならば、ぜひ、ぴょんと片足立ちになって、鳥のように腕《うで》をはばたかせて「本当にそう思う？　……これまで、ずーっと自分はまともだと信じてきたんだけど」と言いましょう。人にバカだと言われたときも同じようにその恩恵《おんけい》を楽しむことができます。

いじめっ子　本当に無知ね！　あなた、大丈夫？

知恵の人　（わけがわからないという様子で）む……ち……？　その言葉、難しいね……どういう意味？

いじめっ子があなたの悪口を言ってくるのなら、あなたも「**ゲームにつきあう**」といいでしょう。あなたは言葉を使わずに「変人（あるいは無知な人）になってみせるなんて、楽勝！」と態度で示しているのです。これは、いじめっ子の頭の中に混乱を生じさせ、彼の中から意地悪さを追い出すための適切な処方《しょほう》です。狂っているとか、気取り屋だとか、赤ちゃんのようだとか、さまざまな誹謗《ひぼう》をされたとき、わざとその通りの態度をとってみせるというのがどれほど愉快《ゆかい》なことか、考えてみてください。

最後にもうひとつ、面白いことをお教えしましょう。「やってみせて」と「勇気を出して、やってごらん」という言葉の魔法《まほう》です。「やってみせて」という言葉には、相手がしていることを**ブロック**する効果があります。

知恵の人　僕にちょっかいを出し**続けることに挑戦《ちょうせん》するんだ！**

これに対して「勇気を出して、やってごらん」という言葉には、逆の効果がありま す。人にこれまでの行動とは逆のことをし、新しい行動を実践《じっせん》させるように促《うなが》す効果があるのです。

知恵の人　さあ、勇気を出して私に親切なことをしてごらん？

このように**ブロック**されたり、**促**されたり（仕向けられたり）、ということをくり返されると、いじめっ子は自分の脳《のう》がフライパンで煎《い》られたような気分になり、あなたの良識的《りょうしきてき》な言い分に対して戦うことができなくなります。

いじめっ子は自分の脳がフライパンで煎られたような気分になる

今や、あなたはいじめっ子を扱うための上級テクニックを五つ手に入れました。すなわち、**調子ひねり《トーン・ツイスター》、つながらないコメント、「ゲームにつきあう」こと、**相手の意地悪への**ブロック**と、新しい行動への**促し。**冗談や、気の利いた切り返しを楽しいと感じられる人にとっては、この方法は特にお薦めです。この中のひとつでも、使うことを考えただけで、笑みが浮かんでしまいませんか？　どんないじめっ子でも、自分の投げかける最悪の言葉が、あなたをニンマリさせるだけだとわかれば攻撃をやめるはずです。

決断を下し、誓約《せいやく》を行なう

この本の目的はあなたを優しく、親切な人間にすることではありませんし、「右の頬《ほほ》を打たれたら、左の頬をさしだせ」と教えるものでもありません。この本では、悪口を無視するように、という助言さえしていません。無視するというのは必ずしも悪い方法ではないのですが、静かにしていることは痛めつけられて沈黙しているととられることがあり、これは意地悪の拡散を止める上でまったく役に立たないのです。

うまくいけば、「あなたは何より知恵あるひとりの人間である」ということをこの本が思い出させてくれるでしょう。あなたはものを考えるように創《つく》られています。あなたは問題を解決するべく、頭を働かせることができます。決断を下すための情報を、あなたはすでに十分に手に入れました。いじめっ子、からかう子や意地悪な子にわずらわされないために、とるべき最善の方法は何でしょうか？

①火に対して、火やガソリンで立ち向かう。いじめっ子よりもさらに卑劣で無礼な言葉を思いつき、相手に向けることで、自分への手出しをやめさせる。

②火に対して、水や砂で立ち向かう。いじめっ子を混乱させる方法を考え、彼らのふ

るまい、言動があなたには通用しないようにもっていく。

①の方法を選んだあなたは、気をつけてください。自分がしていることを完璧《かんぺき》にわかったうえで行なわない限り、火で火に対抗することはときに大火事を招きますし、火にガソリンを注いでしまえば、間違いなく爆発が起こります。

②の方法を選んだあなたは、どうぞ楽しんでください。あなたが**ほめ言葉**、**質問**、**賛同の言葉**、自分や相手の気持ちを**フィードバック**し、**相手の感情を名付けること**、**リバーサー**、**調子ひねり**《トーン・ツイスター》、**つながらないコメント**、**「ゲームにつきあう」**こと、相手の行動への**ブロック**や**促し**といった方法を使い、うまく相手の侮辱を別の意味に転じることができたとき、あなたはきっとそれに夢中になるはずです。うまくいかないときもあるでしょうが、それはあなたの気が動転《どうてん》して、明瞭《めいりょう》に考えることができなくなっていたときです。あとから落ち着いて考えれば、どのように切り返せばよかったのか、わかってくるはずです。いじめっ子やからかう子というのは、あまり賢くないので、くり返し同じことをしてきます。一回目ではうまくいかなくても、あなたがあとから思いついたアイディアを使う機会が再び訪れる可能性は高いでしょう。

「世の中に意地悪が広がるのを食い止める」決断を下すのは、あなたにできるもっとも大切なことのひとつです。子どもはしばしば、大人からあまりに多くの決断を勝手に下されています。彼らは不満を表明することを許されなかったり、自分が抱《いだ》く感情が愚かで、取るに足らない、あるいは間違ったものだと言われたり、その他、いろいろな形で不当に扱《あつか》われています。いじめっ子は自分に向けられた無礼と軽視を他人に受け渡しているだけなのです。誰かが、別の方法があることを教えない限り、彼らはそれをやめることを学習しません。多くの人が抜け出せずにいるこの「**攻撃―攻撃**」あるいは「**攻撃―（痛めつけられての）沈黙**」のドラマの筋書《すじが》きを変えることで、いじめっ子に別の道があることを教えることができます。あなたは筋書きを「**攻撃―ほめ言葉**」「**攻撃―質問**」へと変えたり、その他、これまでこの本で学んできた楽しいアイディアを使ったりすることで、人々を解放することができるのです。

この本にあるアイディアの一部を試してみると、意地悪と「闘《たたか》う」ことがあなたにとって正しい道かどうかがわかってくると思います。この決断をする決心がついたら、次のような**誓約**《せいやく》に基づいて行動を開始しましょう。

この瞬間《しゅんかん》から、私はすべての人に完全な敬意《けいい》をもって相対《あいたい》するよう最善を尽くします。特に、相手が最悪のふるまいをしているときにこそ、これを守ります。私は相手の意地悪を真《ま》に受けず、**ほめ言葉**、**質問**、**賛同**、**リバーサー**、**アイ・ステートメント**、**自分や相手の感情をフィードバックし、適切な名を付けること**、**金塊さがし**、**調子ひねり**《トーン・ツイスター》、**つながらないコメント**、**「ゲームにつきあう」こと**、**ブロック**や**促し**などを用いて、相手の中のよき部分にだけ向かって語りかけます。

ここでいう誓約とは、あなたが常に礼儀《れいぎ》正しい人間になるための誓《ちか》いではありません。自分はこのようにふるまいたい、ということを思い出させる備忘録《リマインダー》です。そして、あなたがうまくやれないと思う理由をもすべて明らかにするように作られています。この約束を読み、あなたの頭に思い浮かぶ疑いや不安に耳を澄《す》ませましょう。

疑いや不安は、あなたの頭の中に居座り、くり返し大音量で流れ続ける古いテープレコーダーのようなものに過ぎません。「私はそんなことができるほど頭がよくないし……」とか、「私自身が意地悪くふるまいたくなったらどうしよう……」とか、「うまくいかないかもしれない……」といった声が何度も流れるかもしれません。そのような音を消したいときは、鼻をつまんで声に出してその疑いを言ってみるとよいでしょう。すると、バカバカしく聞こえるその疑いのかわりに、自分の心の奥深くから聞こえてくる、もっとずっと静かな声を聞くことができるでしょう。その静かな声は、あなたがよき人間であり、あなたがやろうと決めたことは必ずやり遂《と》げられるということを知っています。

あなたが人の意地悪さとの闘いに加わる決意をしたなら、あなたの中から疑いを追い出し、自らの真《しん》の強さを常に実感できるようになるまで、この誓約を何度もくり返

疑いや不安は、あなたの頭の中に居座る古いテープレコーダーのようなものに過ぎません。あなたは、自分の心の奥深くから聞こえてくる、もっとずっと静かな声を聞くことができるでしょう。

し行なう必要があるでしょう。誓約を行なうたびに、あなたは新鮮《しんせん》なスタートを切ることができますし、何度でもやり直しはきくのです。

実《じっ》践《せん》する

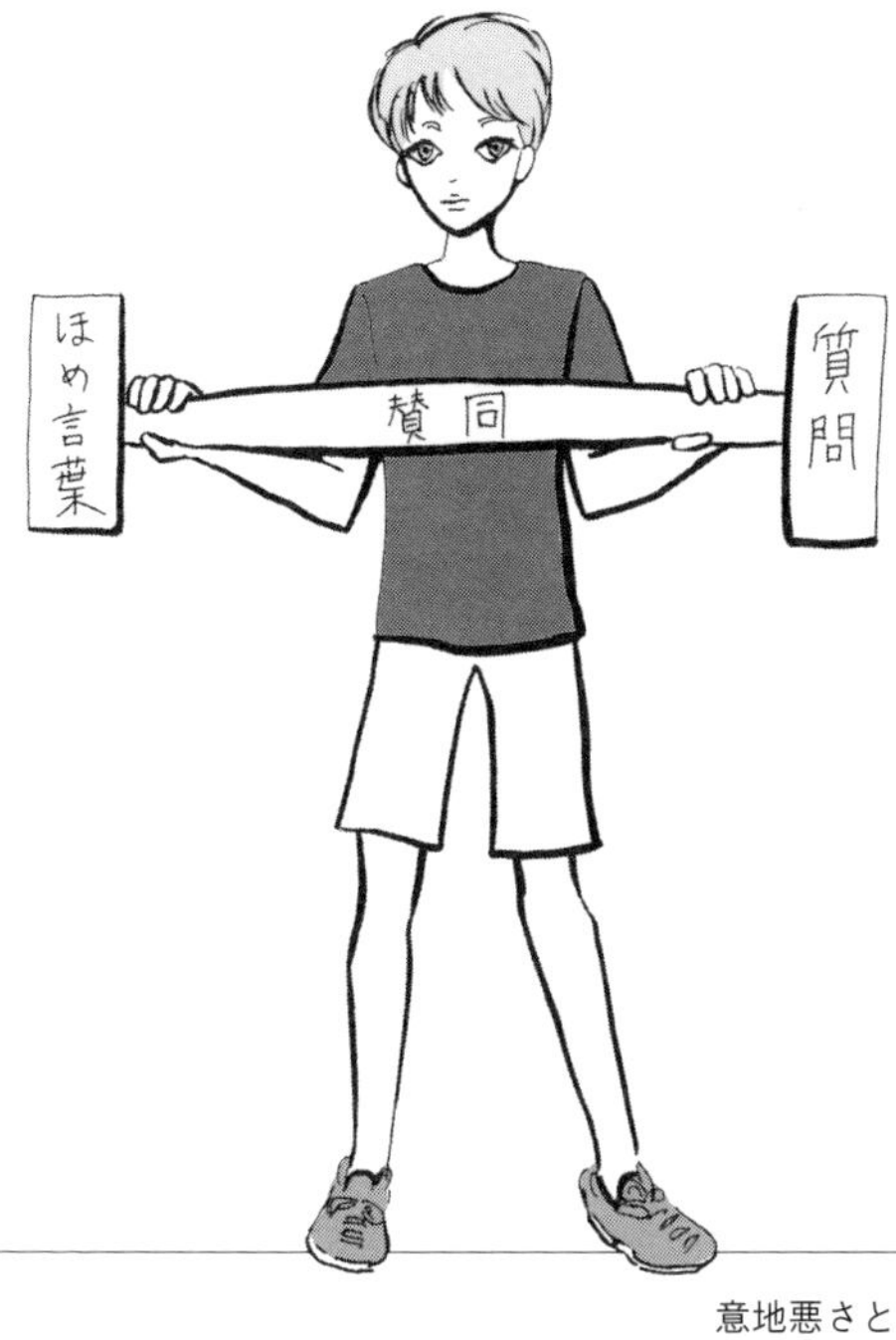

意地悪さとの闘いに加わる
決意をした人たちへ

この本で紹介してきた方法や表現について理解したことを確認するため、以下の空《くう》欄《らん》を埋《う》めてみましょう。

①かけられた意地悪な言葉がまるで［　　］であったかのように受け止めて返答するのは、相手を驚かせ、状況を変える助けとなることがあります。（21ページ参照）

（答え　ほめ言葉）

②相手に新しいものの考え方について考えさせる最善の方法は、彼が今のように考える理由や背景をあなたが［　　］することです。彼に**反論**するのは、新しい考え方を学ばせるうえではまったく効果がありません。これは「逆行の法則《ルール・オブ・バックワーズ》」と呼ばれます。（29ページ参照）

（答え　理解）

③相手の言うことに**賛同**したくないときには、相手の発言が正しい［　　］もあるということに対して、賛同するとよいでしょう。（31ページ参照）

（答え　可能性）

④相手の意地悪な発言の理由を理解するために、あなたは相手に□をしなければならないことがあるでしょう。（24〜29ページ参照）　（答え　質問）

⑤「**逆転の心理**《リバース・サイコロジー》」を利用するために、あなたが何か嫌なことをされたときには、それを□ように相手に頼《たの》みましょう。あなたの要望に応《こた》えまいとするいじめっ子は、あなたへの手出しをやめるしかなくなるので、これはうまいやり方です。（23ページ参照）　（答え　続ける）

⑥**金塊さがし**をするためには、あなたは相手の意地悪でくだらない発言の中に、ひとかけらの□を発見できるまで、質問を重ねなくてはなりません。（36ページ参照）　（答え　真実やよい部分）

⑦相手の言葉や行動によって、あなたがどのような気持ちになったかを「○○すべきだ」という言葉を使わずに話せたとき、あなたは□を述べたことになります。（47〜48ページ参照）　（答え　アイ・ステートメント）

⑧気持ちを**フィードバック**（振り返り、言葉で表現）したり、**関心**や**共感**を示したりすることで、あなたが相手を□していることを表すと、相手は意地悪な感情を手放しやすくなります。（50～54ページ参照）

（答え　理解）

⑨相手がとらわれている感情について、あなたが適切な□ことは、相手がその感情による支配から解放される助けとなります。（55ページ参照）

（答え　名前を付ける）

⑩あなたの感情や思いを相手に伝えようとするときに、□という言葉を使うと、あなたがやっていることは実際には相手への意見や批判、非難を伝えることになってしまいます。（48ページ参照）

（答え　「〇〇すべきだ」）

⑪**調子ひねり**《トーン・ツイスター》を使うときは、意地悪な口調《トーン》で、何か□なことを言います。これは言い争いの熱を冷《さ》ますとともに、やりとりにユーモアを加えることができる、よい方法です。（62ページ参照）

（答え　親切な）

⑫いじめっ子がかけてきた言葉とまったく関係のないコメントで返事をすると、あなたは自分と、向けられた意地悪とを［　　］することができます。（63ページ参照）

（答え　つながらなく）

⑬いじめっ子から悪口を言われたときに、あえてその言葉通りにふるまってみせる（「［　　］**につきあう**」）と、相手はその悪口を言う気をなくすでしょう。（65ページ参照）

（答え　ゲーム）

⑭相手がとっている言動を続けることを**ブロック**する上で強力な効果を発揮《はっき》する言葉は「［　　］」です。（66ページ参照）

（答え　やってみせて）

⑮相手がとっている言動をやめさせて、新しい言動を**促す**上で強力な効果を発揮する言葉は「［　　］」です。（66ページ参照）

（答え　勇気を出して、やってごらん）

次に、**賛同、ほめ言葉、質問、アイ・ステートメント、フィードバック、相手の感情を名付けること、リバーサー、金塊さがし、調子ひねり**《トーン・ツイスター》**、つながらないコメント、「ゲームにつきあう」こと、**相手の行動への**ブロックや促し**などの方法を用いて、以下の状況に対処してみてください。正解はひとつではなく、いくつも考えられます。しかしながら、もしもあなたが相手への侮辱、自己弁護、反論や自己防御といった形で対処を行なった場合、意地悪の輪を断ち切ることはできないでしょう。

① からかう子　すごいそばかす！

② 意地悪な子　お前、本当に意気地《いくじ》なしだな。すぐ泣くんだから。

③ いじめっ子　俺の父親がお巡《まわ》りなんかじゃなくて、本当によかったと思うよ。

④ 意地悪な子　あなたが好きなあの子だけど、あなたのこと太っていて醜《みにく》いと思うって言っていたわよ。

⑤ 12歳のいじめっ子集団が、10歳の子が作った基地を見つけ、それを破壊した。

⑥ いじめっ子　お前の弁当、反吐《へど》みたいだな。

⑦ 意地悪な子　のろまね！　あなたって、どうしてそんなにだらしないのよ！

それぞれの例に対し、考えられる回答を挙げました。

切り返し方の例

① からかう子　すごいそばかす！

知恵の人　―うん、確かに。おっしゃる通り。（**賛同する**）

―気づいてくれてありがとう。でも問題は、いくつあるかなんだよね。（向けられた侮辱が、まるで**ほめ言葉**であったかのように対応する）

―あなたの肌は本当にきれいね！（向けられた侮辱に対し、**ほめ言葉**を返す）

―知ってる、でも誰にも言わないで。言わなければ、きれいな肌で通るかもしれないんだから。（**ユーモア**のある切り返しをする）

――水、水、どこにも一滴《いってき》の飲み水もない（訳注　イギリスの詩人S・T・コールリッジの「老水夫行《ろうすいふこう》」の中の一節）。（**つながらないコメント**をする）

②

意地悪な子　お前、本当に意気地なしだな。すぐ泣くんだから。

知恵の人　――そうなんだ。僕、すぐ泣いちゃうんだ。（**賛同**する）

――僕が繊細《せんさい》で感じやすい人間だと気づいてくれてありがとう。（向けられた侮辱が、まるで**ほめ言葉**であったかのように対応する）

――よかったらやり方を教えるよ。たくさん泣くと、潰瘍《かいよう》の予防になるんだって。（向けられた侮辱が、まるで**ほめ言葉**であったかのように対応する）

――泣くのって、本当に悪いことだと思う？（**質問**をする）

――知ってるよ。僕は人を喜ばせたいと思っているので、誰かが僕に失望しているのをみると、本当に傷つくんだ。（**アイ・ステ**

ートメントを述べる）

―（号泣《ごうきゅう》するまねをしながら）本当に僕のこと意気地なしだと思う？（**「ゲームにつきあう」**）

③

いじめっ子　俺の父親がお巡りなんかじゃなくて、本当によかったと思うよ。

知恵の人　―それはどういう意味？　君は警察官が嫌いなの？（**質問**をする）

―確かに、警察官の中にはかなり手荒《てあら》な人もいるからね。（**賛同**する）

―共感してくれてありがとう。父親が負傷するんじゃないかということを、僕がいつもどれくらい心配しているかをわかってくれているんだね。（向けられた侮辱が、まるで**親切な言葉**であったかのように対応する）

④

意地悪な子　あなたが好きなあの子だけど、あなたのこと太っていて醜《みにく》いと思うって言っていたわよ。

知恵の人　―いててて。それは傷つくわ。（**アイ・ステートメント**を述べる）
―あなたは私を傷つけたくて言っているの？　それとも私と友だちになろうと思って言っているの？（**質問**をする）
―親切に教えてくれてありがとう。きっと、私がバカをみないように心配してくれているのね。（**金塊さがし**をする）
―あなたは、私が自分についての悪い評判を知らないままでいることがないように、素晴らしい役割を果たしてくれているわ。
（**ほめ言葉**を言う）
―さあ、勇気を出して、私に親切なことを言ってごらんなさい？
（「**促し**」をする）

⑤

いじめっ子　12歳のいじめっ子集団が、10歳の子が作った基地を見つけ、それを破壊《はかい》した。

知恵の人　―多勢《たぜい》に無勢《ぶぜい》であるのを見てとって、何も言わずに、その場をできる限り早く立ち去る。

―翌日、10歳の子は、いじめっ子集団のリーダーをみかけ、こう話しかける。「昨日は僕の基地を壊《こわ》して楽しかっただろうね。僕もときどき、妹の作ったものをめちゃめちゃにして、怒らせたいと思うときがあるからわかるよ」（**理解**を示す）

―10歳の子は両親に助けを求め、翌日、いじめっ子とその両親との話し合いの場が設《もう》けられた。

⑥

いじめっ子　お前の弁当、反吐《へど》みたいだな。

知恵の人　―そうそう、今朝のおまるからの新鮮な収穫物《しゅうかくぶつ》なんだ。（**賛同**するふりをする）

―そう言われると、何だかこみ上げてくるものが……どいたほうがいいよ、本当に吐《は》きそう！（「**ゲームにつきあう**」）

―君が僕の健康のことをそんなに気づかってくれていたとは知らなかったよ（向けられた侮辱が、まるで**親切な言葉**であったかのように対応する）

⑦ 意地悪な子 のろまね！　あなたって、どうしてそんなにだらしないのよ！

知恵の人 ―私が時間に遅れたのは本当によくなかったわね。（事実である部分については、**賛同**する）

―待っている間、さぞ嫌な気分だったでしょう？（**理解**を示す）

―本当にごめんね。私のせいで、待っている間、いろいろ大変な目に合わせてしまったのではない？（**質問**をする）

―きっと、私にものすごく腹を立てているんでしょうね。（**相手の感情を名付ける**）

例の中で、⑤と⑦だけが、その他の例とは性質が異なることに注意してください。例⑤は、身の危険になり得る状況です。この場合、「知恵の人」が問題に対処するにあたっては、大人の助けが必要となる場合があるでしょう。一方、例⑦では「意地悪な子」は、本当に腹を立て、気持ちを乱されています。相手が怒っているときは、理解を示し、気持ちを表に解放する助けとなる方法をとるのが一番です。ユーモアたっぷりの、機知《きち》に富んだ切り返しは、一般的な悪口や、根拠のない憎まれ口を言われた

ときのためにとっておきましょう。

忘れないで　正解はひとつではなく、いくつもあり得ます。また、人にはそれぞれ自分に合った方法があります。各例で示された回答のうち、あなたにとってもっともしっくりくるのは、どれでしたか？

アイディアを実行に移す

位置について…
よーい…ドン!
古い習慣をやめる
間違いを振り返る
新しいアイディアを試してみる

人は、自分のとっている行動を無意識のまま何度もくり返し行なうことによって、意図せずに悪い習慣を身につけてしまいます。逆に、あなたは自分が何をしているかに集中することによって、望ましい行動だけを身につけるよう自分自身を訓練していくことが可能です。

94ページに掲《かか》げる「反・意地悪の表」が、その一助となるでしょう。この表では、「反・意地悪」の習慣を三つのステップに分けています。

①意地悪に対して意地悪を返さないようにする
②この本の中のアイディアを使って、他人の意地悪をブロックし、中断させる
③ある事態に直面したそのとき、対応を思いつけなかった場合には、あとから振り返って、どのように行動すればよかったかを考える

三つめのステップは特に重要です。ある状況下で、あなたがたとえいじめっ子のようにふるまってしまったとしても、あとから、自分がとり得た別の言動を思いつくことができれば、名誉を挽回《ばんかい》する機会が残っています。

この表では、ステップごとに得点が与えられています。「意地悪に対抗する習慣」を身につけるべく、自らを訓練している段階では、あなたは3点かそれ以上のポイントを稼《かせ》ぐことができるでしょう。あなたがした努力をポイントに変えることは、自分のしていることに集中する助けとなり、またそれを続けていく上での励みとなるでしょう。

あなたの親は、あなたが新しい習慣を学び、身につけていく上で大きな助けとなる存在です。彼らは、あなたが稼いだ「反・意地悪」のポイントに対して、喜んで報《ほう》酬《しゅう》を与えようと言うかもしれません。あなたは毎日、自分が意地悪の拡散を防ぐためにしたことを報告すれば、親は「反・意地悪の表」に従って、あなたの努力を認めてくれるでしょう。ステップ2とステップ3でポイントを稼ぐには、意地悪を防ぐためにあなたが何を言ったか、そして何が言えたはずだったか、親に向かって話さなければなりません。これはあなただけでなく、あなたの親にとっても大きな助けとなるでしょう。彼らもまた、日々、他の大人の意地悪さと、つきあっていかなければならないのですから。

反・意地悪の表

名前＿＿＿＿＿＿＿＿

意地悪に対抗するステップ	月	火	水	木	金	土	日
ステップ1 今日、私は意地悪に対処するのに、**侮辱、言い争い、「○○すべき」という発言、告発や自己弁護**のいずれも使いませんでした（5ポイント）							
ステップ2 今日、私は**ほめ言葉、質問、賛同、金塊さがし、アイ・ステートメント、理解、リバーサー、調子ひねり《トーン・ツイスター》、つながらないコメント、「ゲームにつきあう」こと、相手の行動へのブロックや促し、またはユーモア**を用いることによって、他人の意地悪にうまく対処することができました（5ポイント）							
ステップ3 向けられた意地悪に困惑してしまったものの、あとからどのように言えばよかったかを思いつくことができました。（5ポイント）							
ステップ4 今日、他人の意地悪に困らされることはありませんでした。きっと私は適切にふるまえているのでしょう。（3ポイント）							
合計							

ごほうび：＿＿＿＿＿＿＿＿

仲間やクラブ

誰かと一緒に取り組むと、新しい習慣を身につけるのは、より容易になります。もし、一緒に意地悪に対して闘うという友人を見つけることができたなら、獲得したポイントに応じて得られるご褒美《ほうび》を、お互いに与え合うことができるように考えてもよいでしょう。たとえば、あなたの友人が70ポイントを獲得《かくとく》できたら、あなたがおやつを一回おごるとか、好きなDVDを一週間貸す、といったことです。

世の中の残酷《ざんこく》さと対決するうえで、仲間がいることはときに大きな助けとなります。あなたと、あなたの友人が底意地《そこいじ》の悪い偏見の言葉、たとえば白人の女の子が「黒人の子の手助けはいらないわ！」と言っているのを耳にしたとします。あなたか友人のどちらかが**金塊さがし**を始めて「黒人に手を貸してもらうのが格好悪いなんて考え、僕は思いつきもしなかったのでびっくりだよ。一体どこで、どうしてそんな風に思うようになったんだい？」と声をかけます。

もう一人は、黒人の女の子をその場からそっと引き離し、それ以上、悪意に満ちたものの見方について聞かされなくても済むようにしてあげることができます。そして「白人の中の一部の人が、黒人がいかに素晴らしい人たちかを知らないのは悲しいことだと思わない？」といったコメントは、関係者が置かれた状況を明確にし、それ以上の痛みや怒りによる混乱を生じさせないようにする助けとなります。

反・意地悪クラブを結成することもできるでしょう。ミーティングでは、「不毛《ふもう》の発言」を「ウィットに満ちた発言」でやっつけた事例を、交代で発表し合うことができます。その発言が「反・意地悪テスト」に通過するかどうかを、出席者による投票で検討します。

反・意地悪テスト

①この事例は、**侮辱や否定、助言、反論、「○○すべきだ」という発言、ユー・ステートメント、告発、お説教、（相手の言動に対する）見解**や**自己弁護**を用いることなく、意地悪にうまく対処できている。

②この事例は、**ほめ言葉、質問、賛同、金塊さがし、アイ・ステートメント、フィードバック、リバーサー、調子ひねり《トーン・ツイスター》、つながらないコメント、「ゲームにつきあう」**

こと、相手の行動への**ブロック**と**促し**、そして**ユーモア**を用いることで、意地悪にうまく対処できている。

意地悪に困惑させられているメンバーがいれば、自分の置かれた状況について全体に説明し、その状況を覆《くつがえ》す賢いやり方としてはどのような方法があったかについて、クラブ全体で考えます。毎週、メンバーの誰かが、自分の「反・意地悪の誓約」（73ページ参照）をアップデートし、自分への疑いや不安を払拭《ふっしょく》するために、クラブのメンバーに向かって可能な限りバカバカしい言い方で疑いや不安を発表することができるようにします。これを受けて、クラブのみんなは、彼や彼女の「不安」を正反対の言い方で口にする方法を提案します。

疑いや不安　それ、できなかったら、どうしよう……（哀《あわ》れっぽい声で言ってみる）

反対の言い方　それ、できちゃったら、どうしよう！（穏《おだ》やかな、好奇心《こうきしん》に満ちた声で言ってみる）

疑いや不安　誰かが僕に勝つなんてことは絶対に嫌だ！（意地悪な、醜い様子と声で言ってみる）

反対の言い方　誰かが僕に勝ってると**思う**ことくらいは許してあげるさ（気さくな、思慮《しりょぶか》深い声で言ってみる）

疑いや不安　新しいことに挑戦するのは怖《こわ》いなあ……（心配そうな声と表情で言ってみる）

反対の言い方　新しいことに挑戦するのは怖い！（笑）（口調《トーン》だけを陽気に変えて言ってみる）

自己懐疑《じこかいぎ》を裏返す作業がたくさんの笑いや共感の声、そして涙さえ生み出すことに、驚く必要はありません。自分自身の真の力を示す「静かな心の声」に耳を澄ますことができるようになるまで、それを続けてください。

ある集団のメンバーが一致団結して問題と格闘《かくとう》するときに生まれ出る力はときに素晴らしく、心から尊敬する気持ちを起こさせるほどのものになりえます。善良さを守護する騎士《きし》となることによって、自然にもたらされる「高揚感《こうようかん》」があるのです。クラブでは、特定のいじめっ子を共感と思いやりと賢さによって変化させるといった特別な計画に取り組むことができます。また、気難しい親や横柄《おうへい》な姉への日々の対処に悩んでいる子どもが、問題を共有できる安全な場所を作り出すこともできます。子どもが他の子どもを助けることに真剣《しんけん》に関わる気持ちがある人は誰でも、「反・意地悪クラブ」への入会を許されるべきです。

最終的な見通し《ビジョン》

あなたは飢《う》えた地上の人々に食べものを
差し出すことができる

こんな夢をみた人がいました。テーブルの上に、想像しうるもっとも素晴らしいごちそうが、ぎっしりと並《なら》べられています。たくさんの人がテーブルの両側に着いていますが、ものを食べている人は一人もいません。人々の腕《うで》からは長いフォークやスプーンが生《は》えていて、どうしてもそれを自分の口に運ぶことができないのです。人々は乱暴に皿から食べものを奪《うば》い、どうにかしてこれを自分の口に掻《か》き込《こ》む方法がないか、もがいていました。腕から生えている長すぎるフォークとスプーンのおかげで、それはとても難しく、食べ物は一向に口には入らず、フォークとスプーンが虚《むな》しく自分たちに当たるばかりでした。

事態はさらに混沌《こんとん》として、大声をあげる人、苦痛のうめき声を上げる人、よだれを垂《た》らす人などで満ち溢《あふ》れましたが、それでも食べものを口にできる人はいません。これを解決する方法はあるのでしょうか？

ついにある人が、自分の空腹を顧《かえり》みず、この食べものをめぐる馬鹿げた狂乱《きょうらん》に参加することをやめる決意をします。彼女は腕を下ろし、周囲の状況を眺《なが》めます。そして、名案を思いつきます。彼女は注意深く、自分のスプーンつきの腕を使って、もっともおいしそうな大皿の料理をすくい、他の人に勧《すす》めたのです。長いスプーンつきの腕は、多くの人の口にやすやすと届きました。彼女から食べさせてもらった人は緊張《きんちょう》を解いて、状況を理解し、彼もまた他の人にものを食べさせ始めたのです。

しばらく時間がかかりましたが、次第にテーブルは幸せそうな、満たされた人たちでいっぱいになり、みなお互《たが》いにものを食べさせ合いながら、満足そうな吐息《といき》をついているのでした。すばやく状況を理解して、受けとる側から与える側に移ることを簡単に受け入れる人もいました。一方で、自分の皿を守ったり、他人の皿から奪ったりするのを止めて他の人を食べさせる勇気がもてるようになるまでには、たくさん食べさせてもらわないとならない人もいました。

そしてあなた、親愛なる読者のみなさん。あなたはどうでしょうか？　**あなたは心を静めてこの本を読むことで、周囲で何が起こっているかを理解する**ことができるようになりましたか？　あなたが**自分のプライドを守ったり、他の人から力を奪おうとしたりすることをやめる**までにはどれくらいの時間がかかりそうですか？　**誰かをねじ伏《ふ》せることなく、自分の力を強める**ということがどんなことか、発見することができましたか？　あなたの中にはユーモア、正直さ、理解と愛情の湧《わ》き出る深い井戸がありますか、あなたはそれで「飢《う》えた」地上の人々を潤《うるお》してあげることができることを知っていますか？　自己中心の集まりから、私たちを救い出す連鎖《れんさ》反応があることに、あなたはすぐに気がつくにようになるでしょうし、あなたが行動を起こす番が間もなく訪れることになるでしょう。

反・意地悪の用語集

▼告発（ACCUSATION）

相手の過《あやま》ちを責める発言のこと。多くの場合、相手からの反論や非難を招く。

▼助言（ADVICE）

他人にある行動の仕方を推奨《すいしょう》する発言。相手に変化が必要だということをほのめかすもので、相手の反論や言い訳を招きやすい。

▼賛同（AGREEMENT）

相手の発言が正しい、あるいは正しい可能性がある、または概《おおむ》ね事実であると同意し、受け入れる発言。これを受けると、相手は言い争いや反論を続けることが難しくなる。（30ページ参照）

▼ブロック（BLOCKS）

「やってみせて」といった類《たぐい》の言葉で、これを言われた相手は、していた行動を続ける気がしなくなる。（66ページ参照）

▼ほめ言葉（COMPLIMENT）

あることをほめたり、よい点を指摘したりする発言。向けられた侮辱が、まるでほめ言葉であったかのような返答をすることで「**相手に話してほしい調子で自分が話す**」ことができる。また、侮辱に対して、相手へのほめ言葉を返すのも効果的である。侮辱への応対としては相手の意表をつくものであるため、争いを中断させ、事態を大きく変えさせる可能性がある。（19ページ参照）

▼反論（DISAGREEMENT）

相手の発言の欠点をみつけたり、誤《あやま》りを指摘したりする発言。相手から、さらなる反論を引き出す結果となりやすい。

▼二者の関係を断つ・つながらなくする（DISCONNECT）

その前になされた発言と、関係のない発言。「（前提と脈絡《みゃくらく》のない）不合理な結論」。直前に相手の発言から受けた感情的な影響《えいきょう》を断ち切る助けとなる。（64ページ参照）

▼自己弁護（EXPLANATION）

自分自身の行動を説明し、それを正当化したり、弁護したりする目的でなされる発言。言われた相手からは、その発言の中のあら探しや言い争いを引き出してしまうことになりやすい。

▼感情をフィードバックする（FEEDING BACK FEELINGS）

相手の感情を言葉で表現することによってその人への**理解**を示すこと。なお、他者への**理解**は、その相手の経験に対する**関心**、**同情**、**共感**、**興味**などを示すことによっても表せる。相手が、意地悪な発言をしてしまう原因となっている怒りの感情を手放す助けとなる。（52ページ参照）

▼「ゲームにつきあう」（GAME PLAYERS）

人から侮辱されたときに、その侮辱の内容通りに芝居がかった演技をしてみせること（「私に名前を与えなさい、さればそのようにふるまおう」という表現に由来《ゆらい》している）。これを見せられたほうは、芝居をやめさせるために、自分の侮辱的な発言を

取り消してくることもある。（65ページ参照）

▼金塊さがし（GOLDEN NUGGET）

他人が意地の悪いことを言ったとき、質問をくり返し行なうことによって、相手の発言の中に小さな事実や、善なるもののきらめきをみつけ、それをほめる、というテクニックのこと。いじめっ子に、卑劣さに代わるよい部分が自分自身の中に存在することを認識させる助けとなる。（35ページ参照）

▼ユーモア（HUMOR）

何かばかばかしく、くだらない、おかしい、場にそぐわない部分を含んだ発言のこと。その人が置かれた状況の深刻《しんこく》さや重大さを和《やわ》らげる効果がある。いじめっ子の卑劣な発言に重きをおく必要などない、ということを示すうえでも効果的《こうかてき》である。

▼侮辱（INSULT）

言われた人の感情を傷つけ、深い怒りを生じさせる発言のこと。通常、遅《おそ》かれ早かれ、言った相手への反撃として、新たな侮辱を誘発《ゆうはつ》する原因となる。

▼アイ・ステートメント（I-STATEMENT）

特定の状況下で、自分が現在、どのような気持ちかを説明するために発言される「私は」という言葉から始まる意見。相手の考え方に比べて感情については反論がしにくいため、言い争いの勢いを削《そ》ぐ効果がある。（48ページ参照）

▼お説教（LECTURE）

相手を批判したり、叱責したり、あるいはどのように行動すべきかについて助言したりする一連の発言のこと。しばしば相手の反発に満ちた沈黙か、さらなる反論を生み出す。

▼相手の感情を名付ける・命名する（NAMING FEELINGS）

特別なフィードバックの方法の一種で、いじめっ子がとらわれている感情や気持ちの状態を適切な言葉で言い表すこと。このようにされると、いじめっ子は、どうしても逃《のが》れられなかったその感情から解放されることが多い。（55ページ参照）

▼意見・見解（OPINION）

自分の信念や判断を、あたかも動かしがたい事実であるかのように述べること。他人の過ちをほのめかすときにしばしば用いられ、言い争いを招きやすい。

▼促し（PUSHER）

「勇気を出して、やってごらん」といった類の言葉で、言われた相手に、これまでの行動とは逆のことをし、新しい行動を実践させるように促す効果がある。（66ページ参照）

▼責める、決めつける（PUT-DOWN）

侮辱（INSULT）の項を参照。

▼質問（QUESTION）

相手にさらなる情報を求めること。好ましくないものを否定するかわりに、それを理解することに焦点《しょうてん》をあてることの助けとなる。（24ページ参照）

▼リバーサー（REVERSER）

非協力的であまのじゃくな相手に、今、相手がしている行動をやめさせる目的で、ぜひそれを続けてほしいと頼むこと。いじめっ子は非協力的でい続けたいと思うあまり、自分の行動を変える方向へ促される。（23ページ参照）

▼「○○すべき」という発言（SHOULDS）

「○○すべき」という言葉を含む発言のことで、他の人の過《あやま》ちや欠点、罪をほのめかす。言われた相手の反論や言い訳を招く。

▼**調子ひねり《トーン・ツイスター》（TONE-TWISTER）**

意地悪な口調で、親切な内容の発言をすること。侮辱を用いることなしに、発言者の不満を減らし、その場の状況に混乱を与えることで、事態の深刻さを和らげる効果がある（62ページ参照）

▼**ユー・ステートメント（YOU-STATEMENT）**

「君は～」という言葉から始まる意見。発言者が、相手をどう思うかについて述べる内容となる。相手の自己弁護や逆襲《ぎゃくしゅう》を生む原因となる場合がある。

保護者への情報

自分の子どもが頻繁《ひんぱん》に言い争いやけんかをするようになると、保護者は自分がどのような役割を果たすべきか、判断に迷いを覚えるものです。わが子が悪いのだろうか、弱いのだろうかと心配になりますし、そもそもわが子は闘うことがあるのだろうか、などと頭が混乱することもあるでしょう。

なぜ子どもは闘うか

仲間同士のけんかは、実際には子どもの成長における重要な過程のひとつです。子どもは同年代の子ども同士の争いを通じて、衝突《しょうとつ》時に交渉《こうしょう》する方法を身につけていくのです。これが、大人同士の争いとは大きく違うところで、扱うときにはまったく別の対処が必要となります。

よちよち歩きの幼児でさえ、けんかをします。しかし、子ども同士のもめ事は小学4年生の中頃から増え始め、中学校の終わり頃まで続きます。これがギャング・エイジです。子どもたちは、人生において両親の存在がもっとも重要である状態から、愛情や受容を得ることがより不確実な世界へと大きく軸足《じくあし》を移し替えます。彼らは勉強や仕事に励むことを学び、大人になるうえで必要とされる生活スキルを獲得《かくとく》していく中で、自分の仲間と競争することが求められるようになります。この課題を前にして、子どもたちは常に劣等感《れっとうかん》によって傷つけられやすい状態にあるといえます。争いごとに勝ったときや、他人よりも自分は「まだましである」と感じるとき、子どもたちは失敗への恐れをわずかな時間だけ、忘れることができるのです。

高校に入学する頃になると、一般的には仲間同士のもめ事は減っていきます。問題が続くようであれば、その争いは特に悪意が強いものであり、ときに危険なものである可能性があります。特別に攻撃的な子どもや、おとなしすぎる子どもについては、外部からの援助が必要となる場合があります。

両親の役割

けんかやからかい、悪口など子どもの世界は残酷《ざんこく》にみえますが、ほとんどの場合においてそこは子どもたち自身の戦場とするべきです。両親の役割としては、子どもが「傷口を舐《な》める」手伝いをするだけでは物足りません。それ以上に重要なことは、子

どもに向けられたいじめによる一方的な力に、知恵ある人としてのお付き合いの仕方を理解し、援助することです。この本で紹介した考え方は、アドバイスというよりも、むしろ知識として利用できるものといえます。

他人に向かって悪口を言えば、ふつうは悪口が返ってくるものです。この本の中のいじめっ子に対するどのようなアイディアを使えば、この状態に陥《おちい》らずにすむでしょうか。

子どもに実質的な危害が加えられる兆候《ちょうこう》がみられるという状況下では、親が事態を掌握《しょうあく》していく必要があります。86～87ページの例では、大人が関与することによって、子どもたちが安全に、お互いに対峙《たいじ》するための手助けが可能になるということを提示しています。そのような対峙の場面を演出するために、この本の中の考え方を使えば、大人の存在はさらに効果的なものになります。一方の子どもに明らかに非がある場合には、いじめっ子とその被害者、双方の両親が協力して、加害側の子に自分のした行動について振り返る時間がとれるような空気を作り出す必要があります。

「あなたは、いい子よ。友だちの作った基地を壊したとき、あなたがどんな風に考えていたのか、思い返してごらん。何かに腹を立てていたの？　それともそうすれば自分が強くて格好よくみえると思ったの？」

これらの質問に、子どもは答えられないかもしれません。しかし、彼らは自分の内側から重要なメッセージを受け取ります。――「僕はこんなことをしてしまったけれど、本当はいい子で、これから事態を変えていくことを学ぶことができる」

加害側の子に、自分のした行動を評価させるのもよい方法です。

「自分のしたことは人に誇《ほこ》れることだと思う？　自分のやり方のどこがよかったと思う？　そして、どこが悪かったと思う？　基地を壊されて、ジョニーはどんな気持ちがしたと思う？　あなたがそういう思いをしたことは、今まで一度もない？　あるなら、そのときのことを話して聞かせて」

その後、ようやく大人は子どもに自分のとった破壊的な行動の結果として、どのような決着のつけ方をすべきかを教えることができるのです。これは子どもが学ばなければならないことの中でも重大なことのひとつです。

「壊してしまったジョニーの基地を、あなたがもう一度作りなさい。それが終わるまでは自転車に乗るのも、テレビを観るのもなしよ」

親の最終的な目標は加害側の子どもを罰することであってはなりません。いじめっ子は何度も繰り返し罰《ばつ》を与えられて、やがてそれを受け流し、その鬱憤《うっぷん》を自分よりも弱い者へと向けるようになっているのです。被害者の親が、**加害側の子どもを理解することを**最優先にする姿勢を見せれば、加害側の子どもの親も過度に守りに入って言い訳をしたり、懲罰的《ちょうばつてき》になり過ぎたりせずにすむことでしょう。一般的には、行動の修正のためにどのような働きかけが必要かを決めるのは加害側の子どもの親です。しかしながら、暴行や所持品の破損といった被害を含む深刻なケースでは、被害側の子どもの親が法的な措置《そち》をとることが重要となる場合もあります。

ときには、誰が被害者で誰が加害者なのかはっきりしないまま、危険な状況を中断させるために親が介入しなければならないこともあります。双方の子どもはともに、大人に自分の味方になってほしいと思うでしょうが、親は裁判官の役を担うべきではありません。そのかわりに、大人はそれぞれの子どもの言い分をよく聞き、彼らの過ちを探すのではなく、何に心を乱されたのかに耳を傾《かたむ》けることを心がけましょう。関わった子どもたちには、相手の気持ちについて理解したという意思を表明させ、それが終わるまではもとの活動に戻らせないという方法も有効でしょう。子どもたちが口げんかをはじめて親をイライラさせるとき、この方法はいつでも利用できます。

親は子どもたちの争いから一定の距離《きょり》をおくことが重要ですが、わが子が明らかな苦痛を受けているときに、手をこまねいて傍観《ぼうかん》していてはいけません。94ページの**「反・意地悪の表」**は、学童期・青年期の荒れ狂う海を航行《こうこう》する方法を学んでいる最中の子どもたちを援助するうえで非常に有用な手段です。

この**「反・意地悪の表」**は「逆転の心理《リバース・サイコロジー》」を生み出すので、きょうだい間の口げんかを減らすうえで特に効果的です。きょうだいから憎《にく》まれ口をきかれたときは、子どもにとってこの表でポイントを稼ぐ機会となるため、まるで違う意味をもつようになります。「得点を稼《かせ》ぐのを手伝ってくれてありがとう」というだけで、5ポイントが表に加算されます。さらに、家族の中で誰かからぶたれたり、ぐいと押されたり、突いたりされた場合、「被害への賠償《ばいしょう》ポイント」をもらえる、というルールを親が決めることもできます。すると、子どもは憎らしい態度をとるきょうだいに向かって、「突き飛ばしてくれてありがとう、6ポイントも稼いだよ（「ありがとう」と言ったことに対して5ポイント、被害への賠償ポイントとして1ポイント）」と言えばよいのです。ポイントが何点貯まればポテトチップスひと袋、といった取り決めもしておきます。親への告げ口、言いつけ口をふせぐために、ポイントの獲得は「誰それがこんな悪いことをした」というのではなく、状況をよくするために自分がしたことを報告した場合に**のみ**、認めるようにします。家族の中で誰かを怒らせることは、相手を利する結果になると知るだけで、家庭内での小競り合いはほぼ完全になくなっていきます。

あとがきと謝辞

私の頭の中には書きたい本がたくさんありますが、**いじめっ子やからかう子**というのは、私にとって常にもっとも重要なテーマです。このテーマは私自身の若き日の格闘の成果でもありません。私の家族は完璧ではありませんでしたが、両親のどのような欠点も、私が同年代の仲間と接する中で出会った残酷さとはまったく釣り合わないものでした。穏やかな家庭で育ったせいで、私は、家の玄関の外側にひそむ卑劣さや意地悪さから身を守る分厚い表皮《ひょうひ》を獲得しないまま育ってしまったともいえるでしょう。長年の間、私は自分を傷つけるものに対して非常に敏感《びんかん》な少女でした。

それでも、だんだんと私は秘訣《ひけつ》のようなものを理解するようになっていきました。最初のヒントは、6年生のとき、母から、私をしつこくいじめてくる男の子に、「私と友だちになりたいだけなんでしょう」と言ってみなさいと勧められたときに訪れました。どうなったかといえば……突如《とつじょ》として、彼は本当に私の友だちになりました。私は心からありがたく思ったものの、このときは何がどうしてこうなったのか、見当もつきませんでした。

高校の最上級生になるまでの年月、私は成長に伴《ともな》ってこれまでよりもさらに強い、さまざまな痛みを経験しました。友人たちは、無知から、私の信じている宗教を理由として他人を嘲《あざけ》っていました。ある日、自分の宗教にふさわしい光をあてる賛辞が、不意に私の口をついて出ました。そのたったひとつの小さな発言をしたことで、自分が感じた力と、自らを恃《たの》む気持ちに生じた大きな変化が、私を立ち上がらせ、目覚めさせました。

私は自分のしていることを分析《ぶんせき》するようになり、新しく発見した自分の技能《スキル》をさらに研《と》ぎ澄《す》ますことのできる機会を探すようになりました。自分に向けられた言葉のゴミくずを「リサイクル」する方法を発見するたびに、私の自信と力は大きな飛躍《ひやく》をとげました。いくつかのできごとは、深く脳裏《のうり》に刻み込まれています。あるときは、私の父のくだらない癇《かん》しゃくに、「お父さんは私に失望しているの？　それとも私の教養レベルに失望しているの？」とユーモアをまじえた発言で対処できました。また、別のある夜には、私から難しい現場を引き継いだ医師に対して、静かに共感の気持ちを示すことができました。彼は私に向かって「あなたは無責任だ」と大声で詰《なじ》ってきたのですが、私は深い同情を示すことで彼の感情的な爆発を収束《しゅうそく》させることができたのです。

セラピストになる頃には、私はアサーティブ（自己主張すること）の方法についてもよく理解するようになっていました。しかしながら、私が経験した「力を獲得する瞬間」は、自分のために立ち上がるときのそれをはるかに凌《しの》ぐ、素晴らしいものであったことをあらためて認識しました。私は相手に自分がどのような感情を抱いているか、何を欲し、何を望み、何を望まないか、といったことは一切言いませんでした。私は相手とその場の状況に、全神経を集中しました。私が対処したさまざまな相手と状況――それは友だちになりたがっている6年生の男の子の、見当違いの努力であったり、私の友人たちがもっていた、私の宗教に関する誤った情報であったり、私の父がもっていた、教養に関する道理に合わない評価基準であったり、くたくたに疲れた医師の、救命救急室を潤滑《じゅんかつ》にうごく時計のように運営するための努力であったりしましたが――これらのいかなる場合においてもです。私は他者を見抜くことによって得られる力を発見しました。このことによって、私は自らの能力を発揮《はっき》し、「絵」をみたときに修正を必要としている箇所《かしょ》に、手当てを施《ほどこ》すことが自在にできるようになりました。

偉大な発見は独立して行なわれるものではないでしょうし、こんがらがった状況の一番の問題となっている箇所を揉《も》みほぐすことができるのは私だけではないことは確かです。私は自分の使命にしたがって、それを必要としている人を探し出すことを趣《しゅ》味《み》とするようになり、またその人たちから多くを学びました。

もっとも偉大《いだい》な知恵の源は、再評価《リ・エバリュエーション》カウンセリング（RC）でした。RCは、ピア・カウンセリング運動のひとつで、人々が社会的に許容されるやり方で、故意に互いを傷つけあっている状況などについて研究を行なっています。**金塊さがし**をする、意地悪のパターンを中断させるために**調子ひねり**《トーン・ツイスター》を使う、自虐的《じぎゃくてき》なパターンを大げさに演じることでそうしたものの見方そのものを軽蔑《けいべつ》する気持ちを表す、**誓約**を行なう、といったことはすべて、この素人による素晴らしいカウンセリング運動が蓄積《ちくせき》した知識体系からくるものです。

催眠療法《さいみんりょうほう》で使う用語は、私が自分の技能を洗練させるためのさらなるツールを提供してくれました。催眠療法は、言葉を通じて、ある人の精神状態を別の状態へともっていく、穏《おだ》やかな技術です。催眠療法では、例えば「目を開けたままでいてみせて」と言ってその行動を**ブロック**したり、「全身の力を抜ける？（きっとできないでしょ)」と言って全身をリラックスさせるよう**促し**たりします。催眠療法の大家《たいか》のひとりであるミルトン・エリクソンは「**つながらないコメント**」(不合理な結論)を用いて相手を混乱させ、健全な意見を受け入れやすくするという技法を使っています。エリクソンはまた「**リバーサー**」(逆説的な提案)を利用して、患者が催眠状態に入るのに抵抗して行なう言動を続けるように勧めることで、逆に容易に催眠状態に入りこむことができるよう手助けをしていました。

アイ・ステートメントや理解(積極的な傾聴《けいちょう》)は、コミュニケーションの訓練としては一般的なものです。意地悪に対抗するための技法はこういった一般的な技能《スキル》を凌《しの》ぐものであるつもりですが、直接的なコミュニケーションを行なうことが必要不可欠な場や時というのは常にあります。心理学では、しばしばアサーティブに**アイ・ステートメント**を行なうことを特別に重要視します。しかし、**理解**する、**共感**する、**関心や興味**を示すといった穏やかな技法は、最終的に人が望むものを獲得するうえで、はるかに効果的で力強い助けとなり得ます。ベストセラーのジェームズ・レッドフィールド著"The Celestine Prophecy"(山川紘矢・山川亜希子訳『聖なる予言』角川書店、1994)では、二者間でくり返される感情や言動のパターンを適切な言葉で表現することによって、両者の関係性を完全に変えたり、一方の人が相手からエネルギーを奪いつくそうとすることを防いだりできる事実を「ドラマを名付ける」という表現を用いて指摘しています。

わずかな事実、真実の可能性、批判の陰に隠れた真《しん》の原理に**賛同**するというテクニックに私が初めて出会ったのは、マニュエル・J・スミス“When I Say No, I Feel Guilty（あさりみちこ訳『「うまくいく人」の頭のいい話し方』徳間書店、１９８０）”を読んだときでした。スミス博士の本は、あなた自身が罪悪感から解放された態度で他人に接することで、相手の悲嘆《ひたん》や愚痴《ぐち》の中からひとかけらの真実を見つけ出す力を得られることを教えています。

ほめ言葉の使い方については、どこで習い覚えたものか、定かではありません。これはもっとも簡単なテクニックであり、同時に意地悪に対抗する技法《メソッド》の心臓部分であるように思います。相手の横暴な言動パターンには目をつぶり、その内側に隠れている人間性に関心を集中させているという点では、少しばかり再評価《リエバリュエーション》カウンセリング（ＲＣ）の考え方が入っていると思われます。また、何が起こるかをあらかじめ予測しているという点では催眠療法の考え方の影響も受けています。心理学者の中には、**ほめ言葉**は侮辱を何かよいものに「再構築《さいこうちく》する」方法であるという人もいるでしょう。何か底意地の悪い指摘をしたばかりの人に向かって、あなたが親切になれる賢い方法があると語りかけるのは、誠実な口調で言わない限り、皮肉か嘘のように聞こえてしまうでしょう。私のクライアントのひとりが通う教会では、これを「自分が言ってほしいように相手に語りかけるアプローチ」と名づけているそうで、これはほめ言葉の使い方に対するもっとも的確な理解だと感じたものです。私は、侮辱の言葉を、ほめ言葉のように受け取るというのは、意地悪に対抗する技法の精神的な中核《ちゅうかく》をなす部分だと信じています。これは、**人を怒らせるよりも、自分が気分を害することのほうが罪は重い**という原理原則を自分の行動に反映させるものです。

最後に、「**ゲームにつきあう**」ことの出典ですが、これは思い出すことができません。実のところ、遊びのなかから生まれたのではないかと思います。私の娘を夜、お風呂に入れていたときに、偶然《ぐうぜん》それに行き着きました。それゆえ、私は「**ゲームにつきあう**」ことの全ての功を彼女に帰することにします。彼女が日々、「**いじめっ子やからかう子**」に対処するアプローチを、誰も足をふみ入れていないさらなる新しい地平へと到達させるべく力を尽くしていってくれることを願います。

監訳者　あとがき

いじめられっ子が絶望し、自死する「いじめ自殺」という悲劇。こうした悲劇の報せが、テレビなどでしばしばくり返されるのを見て、本当に悲しくて腹立たしい気持ちになります。大人は「いじめは悪いことです」と、いじめっ子に対して警告を与えるばかりで、その警告はまるで空気に向かって話しかけているようにしか思えません。

私個人としては、いじめの相談を受けた場合は必ず即《そく》介入をしています。それが大人の責任だからです。学校にいる大人や教育委員会が積極的に動いてくれればいいのですが、それを期待して何もしないなんてことは絶対にしません。「学校がやってくれないのならば」と、ノルウェーのダン・オルヴェウス教授の『オルヴェウスいじめ防止プログラム』を、ひとりで立ち回っている次第です。『オルヴェウスいじめ防止プログラム』については、オルヴェウスら著『オルヴェウス・いじめ防止プログラム――学校と教師の道しるべ』小林公司・横田克哉監訳、オルヴェウス・いじめ防止プログラム刊行委員会訳（現代人文社）をお読みください。

本書の原著《げんちょ》タイトル "How to Handle Bullies, Teasers and Other Meanies" を直

訳すれば、『いじめっ子やからかう子、意地悪な子への対処法』となるでしょう。それではあまりに素っ気なく、原著者の意図《いと》をタイトルだけで人に伝えることができません。通して読んでみて原著者が伝えたかったことを本書のタイトルにしました。

翻訳に当たっては、原著者の何気ない表現の違いに戸惑《とまど》い、その意図を読み取るために何度も冬崎さんと話し合って修正に修正を重ね、最終的な判断は監訳者の私が下すことになりました。ですので、原著からの訳出の正確さについての責任はすべて私にあります。

監訳者としての願いは「もうこれ以上、いじめ自殺を見たくない」ということです。そして、いじめられっ子には「いじめっ子がもっていない知恵と力が、私たちにはあるのです！」と伝えたいのです。その知恵と力がまだ獲得《かくとく》できていないいじめっ子を、私たちが助けてあげようじゃないか。このことは単なる励ましでも慰《なぐさ》めでもなく、真の「知恵ある人」としての力を、いじめられっ子は獲得できるのだと、私は心からそう確信しています。「知恵ある人」が少しでも増えていくことを願っています。

２０１６年７月

浅間の風薫る軽井沢にて　奥田健次

著者

ケイト・コーエン・ポージー（Kate Cohen-Posey）

理学修士／LMHC（Licensed Mental Health Counselor）／
LMFT（Licensed Marriage and Family Therapist）

1973年以来、フロリダ州ポーク郡で心理士として臨床に携わる。長年の間にクライアント向けに書いた文章は、そのセラピストとしての技術の核心を文学的な表現で伝えている。彼女の文章はクライアントや同業者からの強い支持を受け、このたび、より多くの読者の元へ届けられることになった。簡潔で読みやすいテキストを作ることによって、心理療法のプロセスの短縮と、効果を高める助けとなること、また、自らの感情面・精神面での成長のために独自に学習したいと考える人にその手段を提供することを望んでいる。

監訳者

奥田　健次（おくだ　けんじ）

兵庫県出身。わが国において家庭出張型セラピー『自閉症児のための家庭中心型指導（home-based intervention)』を開始した草分け的存在であり、全国各地で家族支援を行なっている。個人開業したクリニックでは、日本のみならず世界各国からの治療要請に応えている。行動上のあらゆる問題を解決に導くアイデアと技術、有効性が国内外の関係者から絶賛され、テレビやラジオなどでしばしば取り上げられている。1999年、内山記念賞（日本行動療法学会）を受賞。2003年、日本教育実践学会研究奨励賞受賞。専門行動療法士、臨床心理士。桜花学園大学人文学部准教授などを経て、現在、同大学院客員教授。法政大学大学院、早稲田大学人間科学部、愛知大学文学部など、各地で非常勤講師としても活躍中。聴衆をひきつける力強い講演が好評で、各地での講演活動も行なっている。2008年、第4回日本行動分析学会学会賞（論文賞）を受賞し、わが国初の行動心理学系の2つの学会でのダブル受賞者となった。休日返上で世界中を教育相談、子育て相談のために飛び回っている。2012年に行動コーチングアカデミーを設立。日本初の行動分析学を用いた幼稚園を長野県に設立準備中。主な著書：『自閉症スペクトラムへのABA入門―親と教師のためのガイド』（監訳、東京書籍）、『叱りゼロで「自分からやる子」に育てる本』（単著、大和書房）、『自閉症児のための明るい療育相談室―親と教師のための楽しいABA講座』（共著、学苑社）、『メリットの法則―行動分析学・実践編』（単著、集英社）、『拝啓、アスペルガー先生―私の支援記録より』（単著、飛鳥新社）、『世界に1つだけの子育ての教科書―子育ての失敗を100%取り戻す方法』（単著、ダイヤモンド社）など。

訳者

冬崎　友理（ふゆさき　ゆり）

東京都出身、東京大学文学部英語英米文学科卒。大手保険会社の勤務を経て現在は子育てのかたわら、自宅で翻訳を行なっている。

装丁　有泉武己 ／ イラスト　高梨悟子

いじめられっ子の流儀
――知恵を使ったいじめっ子への対処法

2016年9月25日　初版第1刷発行

著　者　ケイト・コーエン・ポージー
監　訳　奥田　健次
訳　　　冬崎　友理
発行者　杉本　哲也
発行所　株式会社学苑社
東京都千代田区富士見2-10-2
電話　03（3263）3817
Fax　03（3263）2410
振替　00100-7-177379
印刷　藤原印刷株式会社
製本　株式会社難波製本

ISBN978-4-7614-0784-1　C0037